SALVIO KOTTER
HENRIQUE PIZZOLATO

A VOZ DAS VÍTIMAS

~~LAWFARE~~ NUNCA MAIS

Vol II

KOTTER
EDITORIAL

Coordenação Editorial: Sálvio Nienkötter
Editor-Executivo: Clayson Felizola
Editor-adjunto: Daniel Osiecki
Capa: Jussara Salazar
Design editorial: Carlos Garcia Fernandes
Produção: Cristiane Nienkötter
Revisão e preparação de originais: O Autor

Dados Internacionais de Catalogação na Publicação (CIP)
Angelica Ilacqua CRB-8/7057

Kotter, Sálvio
Lawfare nunca mais - A voz das vítimas - Volume II – Sálvio Kotter - Curitiba : Kotter Editorial, 2024.
152 p.

ISBN 978-65-5361-333-1

1. Política e governo - Brasil 2. Corrupção na política - Brasil 3. Julgamentos criminais – Brasil I. Título
CDD 364.13230981

22-3035

KOTTER EDITORIAL

Kotter Editorial Ltda.
Rua das Cerejeiras, 194
CEP: 82700-510 - Curitiba - PR
Tel. + 55(41) 3585-5161
www.kotter.com.br | contato@kotter.com.br

Feito o depósito legal
1ª Edição
2024

Lawfare nunca mais - A voz das vítimas - Vol II

A voz das vítimas - Vol II

SALVIO KOTTER
HENRIQUE PIZZOLATO

A VOZ DAS VÍTIMAS

~~LAWFARE~~ NUNCA MAIS

Vol II

Sumário

Fernando da Mata Pimentel 7

Jaider Batista da Silva 25

Leonardo Deptulski 45

Luiz Philippe Torelly 71

Júlio Neves 91

Cláudio Di Mauro 109

Breno Altman 127

FERNANDO DA MATA PIMENTEL

Foto: Marcelo Sant'Anna/Via Fotos Públicas

Fernando da Mata Pimentel é economista, é professor aposentado da Faculdade de Ciências Econômicas da UFMG, é atual presidente da ENGEA, que é a empresa gestora de ativos, empresa pública ligada ao Ministério da Fazenda. Foi fundador do PT, foi vice-prefeito e prefeito de Belo Horizonte, foi ministro de estado da Indústria e Comércio do Governo da presidenta Dilma, foi governador de Minas Gerais de 2015 a 2018.

Cleide:

Uma honra e privilégio ouvir Fernando Pimentel, ex-governador de Minas Gerais. Sabemos muitas coisas a respeito da sua gestão exitosa, com a aprovação de mais de 80% em Minas Gerais no exercício da prefeitura, um mandato que foi considerado o oitavo melhor do mundo, o único prefeito a figurar entre os 10 mais bem votados dentre todos os prefeitos da América Latina.

Conte-nos inicialmente, por favor, como foi sua história de militância estudantil, sindical e política que fez com que você construísse essa bela carreira.

Fernando Pimentel:

Meu envolvimento com a política teve início muito cedo, ainda na juventude, por meio do movimento estudantil em Belo Horizonte, no conturbado ano de 1968. Já no ensino médio, me engajei ativamente nas lutas estudantis. Em 1969, estabeleci vínculos com uma organização clandestina que resistia à ditadura militar, o que resultou na decretação da minha prisão preventiva.

Diante dessa situação, deixei Belo Horizonte e vivi na clandestinidade por um ano no Rio Grande do Sul, mantendo minha militância política. Infelizmente, fui capturado e, como era comum na época para presos políticos, submetido a torturas. Passei três anos e meio encarcerado, sendo libertado apenas no final de 1973.

Após minha libertação, dediquei-me a reconstruir minha vida. Inicialmente, em liberdade condicional, precisei comparecer periodicamente ao juízo para garantir a manutenção desse regime. Nesse período, cursei e me formei em economia, sem jamais abandonar a militância, embora não mais vinculado a organizações específicas. Foi então que me uni ao Partido dos Trabalhadores, participando de sua fundação em Minas Gerais.

Desde então, minha trajetória tem sido marcada pela militância no PT. Tornei-me professor universitário e, posteriormente, assumi o cargo de Secretário da Fazenda na gestão do nosso companheiro Patrus Ananias, o primeiro prefeito petista de Belo Horizonte, entre 1990 e 1994. Permaneci na Secretaria da Fazenda durante a administração do Dr. Célio de Castro, um grande prefeito do PSB, nosso aliado e companheiro de luta.

Na gestão do Dr. Célio de Castro, assumi o cargo de vice-prefeito e, devido a um acidente vascular cerebral que o afastou definitivamente, exerci o mandato de prefeito em exercício por três anos. Posteriormente, fui eleito e reeleito prefeito de Belo Horizonte, totalizando 16 anos de dedicação à cidade, seja como secretário, vice-prefeito ou prefeito.

Em 2011, fui convidado pela presidenta Dilma Rousseff para assumir o Ministério do Desenvolvimento, Indústria e Comércio Exterior, onde permaneci até 2014. Nesse mesmo ano, fui eleito governador de Minas Gerais, exercendo o mandato de 2015 a 2018.

Em 2023, retornei a Brasília a convite do presidente Lula para presidir a Empresa Gestora de Ativos (Emgea), vinculada ao Ministério da Fazenda e que atua em parceria com a Caixa Econômica Federal. Costumo brincar que, após quase 30 anos afastado, voltei a exercer minha formação como economista.

Essa é a minha trajetória. Sou um militante político desde a década de 1960, sempre fiel aos meus princípios e ao Partido dos Trabalhadores, onde militei durante toda a minha vida pública. Pretendo seguir esse caminho até o fim.

Afirmo com convicção que não me arrependo de nada que fiz, de nenhuma atitude ou ação que tomei. Apesar de ter enfrentado consequências severas, desde a prisão política na juventude até os recentes episódios relacionados ao chamado *lawfare*, que discutiremos em breve, mantenho a certeza de ter trilhado o caminho correto. Em síntese, essa é a minha história.

Pizzolato:

Permitam-me iniciar saudando o estimado companheiro de tantas lutas, Fernando Pimentel, com quem compartilho inúmeros amigos em comum. O Brasil tem uma dívida de gratidão por sua dedicação, saúde, juventude e inteligência em prol da classe menos favorecida e excluída do nosso país.

Fernando, sua trajetória política é marcada pela intensidade e pela ocupação de diversos cargos de destaque, sempre deixando um legado de sucesso. Você foi secretário de governo, prefeito, governador, ministro... Diante de tantas realizações, o que mais o marcou? O que você destacaria como suas principais contribuições e marcas registradas?

Fernando Pimentel:

Você me colocou em uma situação difícil, Henrique, mas para responder à sua pergunta de forma concisa, destacaria dois pontos principais. Primeiramente, quando assumi a Secretaria da Fazenda, a prefeitura de Belo Horizonte enfrentava uma situação financeira extremamente delicada. Foi necessário um intenso trabalho de recuperação fiscal para equilibrar as contas públicas.

Apesar das dificuldades, conseguimos implementar, já no primeiro ano da gestão do prefeito Patrus Ananias, o Orçamento Participativo, cumprindo um compromisso de campanha e do nosso programa de governo. Essa iniciativa, como muitos sabem, permite que a população participe ativamente da elaboração do orçamento, escolhendo as obras e políticas públicas que serão priorizadas com os recursos públicos, que na época eram bastante escassos.

A implementação do Orçamento Participativo foi um desafio e tanto, Henrique. Lembro-me de expressar minhas preocupações ao Patrus sobre a viabilidade financeira do projeto, mas ele estava determinado a cumprir essa promessa de campanha. Com muito esforço e dedicação da equipe, conseguimos superar as dificuldades e tornar o Orçamento Participativo uma realidade.

Essa iniciativa, juntamente com outras ações realizadas ao longo dos 16 anos em que estive na prefeitura, contribuiu para transformar Belo Horizonte em uma cidade modelo. Enfrentamos problemas complexos, como a questão dos moradores de rua e o comércio ambulante, buscando soluções que garantissem dignidade e melhores condições de trabalho para todos.

O Orçamento Participativo foi fundamental para promover melhorias significativas nas periferias de Belo Horizonte. No entanto, o que mais me enchia de orgulho como prefeito era o programa de educação infantil em tempo integral.

Ao assumirmos a gestão, identificamos a falta de equipamentos públicos adequados para atender a essa demanda. Por isso, criamos as Unidades Municipais de Educação Infantil (UMEIs), oferecendo educação de qualidade para crianças de zero a cinco anos e oito meses.

A implantação de cerca de 70 UMEIs, todas em tempo integral, foi uma conquista marcante. Essas escolas priorizavam o atendimento às crianças mais carentes, mas também garantiam vagas para a comunidade local, promovendo a integração social e a convivência entre diferentes classes sociais.

A proximidade entre uma comunidade carente e um bairro de classe média, com a integração de crianças de diferentes realidades sociais nas UMEIs, era algo que me proporcionava imensa satisfação. Essa convivência desde a infância contribuía para a construção de uma sociedade mais inclusiva e integrada, garantindo direitos a todos e combatendo o racismo desde a sua origem.

Depois fui chamado para o ministério da Presidenta Dilma. A experiência como ministro, de fato, distancia-se um pouco da realidade cotidiana das pessoas. No entanto, mesmo nesse contexto, conseguimos implementar ações de grande impacto. Destaco o Inovar-Auto, um programa criado durante o governo da presidenta Dilma para fortalecer a indústria automobilística brasileira, que na época enfrentava a concorrência de veículos importados.

O Inovar-Auto oferecia incentivos fiscais para as empresas que investissem na produção de automóveis no Brasil, em vez de simplesmente importá-los. Essa estratégia atraiu 12 novas fábricas para o país, incluindo marcas de renome como BMW, Audi, Mitsubishi e diversas montadoras francesas, além de posteriormente abrir caminho para a entrada de empresas chinesas. O programa foi fundamental para preservar o parque industrial automobilístico brasileiro, que gerava milhões de empregos e movimentava uma extensa cadeia produtiva. Diversas cidades antes fora do eixo, como por exemplo Catalão, em Goiás, também se beneficiaram com a instalação de fábricas de automóveis.

Posteriormente, assumi o governo de Minas Gerais, um período marcado por intensos ataques do *lawfare* contra mim e contra o Partido dos Trabalhadores. Foi nesse contexto que a presidenta Dilma sofreu o *impeachment* e o presidente Lula foi preso. Como governador do estado mais importante governado pelo PT na época, a perseguição foi implacável.

Apesar das adversidades, conseguimos realizar importantes avanços. Herdamos um estado que havia sido governado pelo PSDB por

12 anos, com uma gestão distante das reais necessidades da população. Em contraste, nossa experiência nas prefeituras, com a implementação dos orçamentos participativos, nos ensinou a importância de governar em conjunto com as pessoas. Por isso, adotamos o lema "Ouvir para Governar" e criamos os Fóruns Regionais de Governo.

Dividimos o estado em 17 microrregiões de planejamento e, em cada uma delas, realizei encontros de dois dias com representantes da população local. Nesses fóruns, ouvíamos as demandas, discutíamos soluções e construíamos alternativas para os problemas de cada região. Foi uma experiência enriquecedora que me permitiu conhecer profundamente Minas Gerais e suas diversas realidades.

Infelizmente, a perda das eleições em 2018 impediu que colhêssemos todos os frutos desse mecanismo de participação popular. No entanto, a convivência com a população mineira e a oportunidade de contribuir para o desenvolvimento do estado foram profundamente inspiradoras.

Apesar dos desafios e sacrifícios inerentes à vida pública, experiências como essas demonstram que vale a pena lutar por um país mais justo e democrático. É com essa convicção que seguiremos em frente, buscando sempre o bem-estar da população e a construção de um futuro melhor para todos.

Sandra:

Como economista, você certamente testemunhou inúmeras disputas intelectuais em torno dos modelos econômicos e de desenvolvimento na América Latina. Historicamente, sempre que um projeto desenvolvimentista foi escolhido pelo povo, a batalha transcendeu o campo das ideias e se tornou militar. Nas décadas de 1950, 1960 e 1970, por meio de golpes, militares substituíram governos progressistas por regimes conservadores, muitas vezes com apoio dos Estados Unidos. Esses regimes, por meio da Escola das Américas, criaram a Operação Condor, que perseguiu, prendeu, torturou e assassinou opositores políticos em diversos países.

Recentemente, o Prêmio Nobel da Paz Adolfo Pérez Esquivel alertou para o surgimento de um novo Condor sobrevoando a América Latina. Trata-se do *lawfare*, uma guerra jurídica que tem sido utilizada para destituir governos democráticos e perseguir líderes progressistas em mais de 13 países, deixando um rastro de caos e instabilidade. A recente eleição do senhor Milei na Argentina é um exemplo preocupante dessa tendência.

O *lawfare* é uma guerra travada com palavras, no campo jurídico e midiático, muitas vezes de forma sutil, dificultando a compreensão do que realmente está acontecendo. Seu objetivo é deslegitimar e aniquilar aqueles que lutam por uma sociedade mais justa e igualitária. Os operadores do *Lawfare* enxergam em cada um de nós, que defendemos o bem comum, um inimigo a ser combatido.

Fernando, sua trajetória de luta em favor do coletivo o tornou um alvo preferencial dessa guerra. Você enfrentou diversas operações, como a Acrônimo, a Tarjado, a O Vento Levou, a Guerra dos Portos e até mesmo a Lava Jato.

Gostaríamos de ouvir sua perspectiva sobre essa guerra travada contra você. Como esses ataques se deram e como tem sido enfrentá-los?

Fernando Pimentel:

Sandra, Cleide e Henrique, especialmente você, Henrique, que vivenciou de forma tão dolorosa essa perseguição, compreendo que rememorar esses acontecimentos é penoso. No entanto, considero fundamental resgatar essa história para que as pessoas entendam como se constrói uma operação como a que foi montada contra mim, aparentemente dentro da legalidade, mas na verdade violando todos os princípios jurídicos do estado de direito.

Para ilustrar, vou relatar o início da Operação Acrônimo e alguns episódios que demonstram como esse processo se desencadeia. A operação, que teve 11 etapas, começou precisamente no dia 7 de outubro de 2014, um dia após minha eleição para o governo de Minas Gerais em primeiro turno. Durante dois anos, cada etapa da operação gerava manchetes de jornais, reportagens no Jornal Nacional e capas de revistas.

Assim como os bastidores da Lava Jato vieram à tona, eu tenho conhecimento dos meandros da Operação Acrônimo e de como ela foi arquitetada dentro do Departamento de Inteligência da Polícia Federal em Brasília. Um grupo de policiais e delegados federais, com o objetivo de derrotar eleitoralmente o PT e seus candidatos nos estados, engendrou essa operação. Afirmo isso com base em provas concretas, como depoimentos de agentes da Polícia Federal que testemunharam essa conspiração e que só puderam falar abertamente sobre o assunto muito tempo depois, para evitar perseguições e possíveis violências pessoais.

A operação teve início com uma denúncia anônima recebida pela Superintendência da Polícia Federal em Belo Horizonte, informando que haveria um transporte de dinheiro volumoso em um avião partindo de Belo Horizonte para Brasília no dia 7 de outubro de 2014, um dia após as eleições. A denúncia alegava que se tratava de sobras de campanha do candidato do PT. Diante da denúncia, o delegado superintendente de Belo Horizonte, impossibilitado de montar uma operação localmente, repassou a informação para Brasília, onde caiu nas mãos do Departamento de Inteligência.

Na verdade, a denúncia, longe de ser espontânea e anônima, foi estrategicamente fabricada para ser direcionada para Brasília, onde se montaria um verdadeiro espetáculo. Com agilidade, a Polícia Federal organizou uma operação de apreensão do avião, alegando suspeita de tráfico de drogas. Observe que a denúncia inicial, de natureza eleitoral, deveria ter sido encaminhada à Justiça Eleitoral. No entanto, como eu já havia sido eleito governador, o juiz eleitoral se declararia incompetente para emitir um mandado, pois a competência seria do Superior Tribunal de Justiça (STJ). Para contornar essa questão, transformaram a denúncia eleitoral em uma denúncia por tráfico de drogas, possibilitando a apreensão do avião.

Na aeronave, não havia dinheiro ilícito, apenas cerca de cem mil reais em posse de um empresário que prestava serviços à nossa campanha. Sua declaração de imposto de renda demonstrava uma sobra de mais de dois milhões de reais, o que tornava a quantia apreendida irrelevante. Apesar disso, a Polícia Federal manteve a apreensão, alegando a presença de drogas no avião, o que não era verdade. Com base nisso, abriram um procedimento que posteriormente se transformou em inquérito.

Ao apreender o avião e confiscar os telefones celulares e notebooks do empresário, a Polícia Federal conseguiu construir uma acusação contra ele, levando-o a firmar um acordo de delação premiada contra minha campanha. Nessa delação, ele alegou que arrecadava dinheiro de caixa dois para minha campanha, uma acusação sem fundamento. Tudo isso ocorreu em 7 de outubro.

Apenas depois de seis ou sete meses da apreensão do avião, após a delação premiada obtida de forma questionável, a Operação Acrônimo desencadeou uma série de ações arbitrárias. Em 29 de maio de 2015, foram expedidos 90 mandados de busca e apreensão em Belo Horizonte, contra mim e pessoas ligadas ao meu governo. Entre esses mandados, um deles visava a residência da minha esposa em Brasília.

Esse mandado específico, no entanto, apresentava uma grave irregularidade. Como minha esposa também residia em Brasília e eu era governador, o foro competente para expedir o mandado seria o STJ, e não a Vara Federal de primeira instância. A Polícia Federal omitiu essa informação do juiz, induzindo-o ao erro. A busca e apreensão na residência da minha esposa não encontrou nada de ilícito, apenas documentos relacionados à sua atividade profissional e notas fiscais de compras pessoais. Mesmo assim, isso deu origem a um inquérito.

Ao longo desse processo, respondi a 11 inquéritos e ações penais, sendo absolvido em todos os casos que chegaram a julgamento. Em outros, o próprio Ministério Público se recusou a apresentar denúncia por falta de provas. No entanto, esse processo se arrastou por quatro anos, causando danos irreparáveis à minha reputação, à minha vida política e à minha família.

Minha esposa, grávida de oito meses e com uma gestação de risco, foi interrogada no hospital pela delegada responsável pelo inquérito. Pasmem, a delegada iniciou o depoimento oferecendo a ela a possibilidade de fazer uma delação premiada contra mim, o pai da criança que ela carregava no ventre. Diante da reação de indignação, a delegada tentou minimizar o ocorrido, alegando que se tratava de um protocolo. No entanto, o advogado exigiu que o episódio fosse registrado no depoimento.

Após quatro anos de investigações e manchetes sensacionalistas, o inquérito contra minha esposa foi arquivado a pedido do Ministério Público Federal, por absoluta falta de provas. O estrago, porém, já estava feito.

A Operação Acrônimo, assim como outras ações de *Lawfare*, demonstra como mecanismos legais podem ser manipulados para fins políticos. A troca de uma denúncia eleitoral por uma denúncia de tráfico de drogas, por exemplo, pode parecer um detalhe insignificante, mas foi o que permitiu a deflagração de uma operação ilegal desde o início.

O resultado desse processo foi devastador. Eu e outras pessoas envolvidas fomos submetidos a um verdadeiro inferno, com buscas, apreensões, quebras de sigilo e perseguições. No final, nada foi encontrado, nenhuma acusação se sustentou. Restou apenas o prejuízo imenso causado a todos nós, especialmente o dano emocional e o impacto negativo em nossas vidas políticas.

O é uma ameaça real à democracia e ao estado de direito. Precisamos estar atentos e denunciar essas práticas para que a justiça prevaleça e os direitos fundamentais sejam respeitados.

Cleide:

O prejuízo causado por essas ações de *lawfare* é imenso, não apenas para as vítimas diretas, mas também para a sociedade como um todo. Minas Gerais, por exemplo, sofre as consequências do desmonte de políticas públicas implementadas durante a gestão de Fernando Pimentel, como a valorização dos professores e o fortalecimento da educação pública. Hoje, o estado sequer cumpre o piso salarial nacional dos professores, uma conquista histórica que levou 200 anos para ser alcançada. Lembro-me da admiração que tínhamos pela sua gestão na prefeitura de Belo Horizonte, com a atuação da Secretária Municipal de Educação, Pilar, e toda a equipe que valorizava o trabalho dos educadores. Infelizmente, esse legado foi perdido.

Seu relato, Fernando, expõe a crueldade do *lawfare*, que se assemelha a uma tortura, com perseguição extensiva aos familiares. Sabemos que esse modelo foi inspirado na máfia, na Cosa Nostra, servindo de base para as ações perversas de figuras como o ex-juiz Sergio Moro. Henrique Pizzolato também conhece bem essa realidade, pois sua esposa, Andrea, foi vítima de perseguição semelhante. Como a Itália não autorizou a extradição de Henrique para ser julgado novamente pelo mesmo crime pelo qual já havia cumprido pena, o processo foi direcionado a Andrea, acusada de lavagem de dinheiro por um crime inexistente. A sentença italiana foi clara: "Neste país, não admitimos o *bis in idem*", ou seja, ninguém pode ser julgado duas vezes pelo mesmo crime.

Mesmo assim, a perseguição continuou, demonstrando a covardia dos operadores do *lawfare*.

Sua história, Fernando, me faz lembrar o caso de Amanda Rodrigues, esposa do ex-governador da Paraíba, Ricardo Coutinho. Amanda perdeu um filho durante a gravidez devido ao estresse causado pela perseguição implacável que sofreu. Da mesma forma, sua esposa, Carolina, vivenciou uma gravidez de risco sob tortura psicológica, com consequências para toda a família.

Além dos danos pessoais e familiares, as consequências políticas do *lawfare* são devastadoras. Professores de direito nos Estados Unidos já estão implementando cursos sobre o tema, inclusive nas academias militares. Uma professora que acompanho costuma se referir ao *lawfare* como uma "guerra humanitária", pois não derrama sangue e é mais barata. O custo para os Estados Unidos é nulo, já que os "mercenários" são recrutados aqui mesmo, entre membros da Polícia Federal, do Ministério Público e até mesmo juízes, como foi o caso de Sergio Moro, que participou do Projeto Pontes.

Diante desse cenário, gostaria de ouvir sua avaliação sobre as consequências políticas dos ataques do *lawfare* contra vereadores, deputados, governadores e até presidentes, como no caso de Dilma Rousseff, cujo *impeachment* é descrito na literatura como fruto de guerra híbrida. Qual o impacto dessas ações na política brasileira, especialmente em Minas Gerais?

Fernando Pimentel:

Cleide, você descreveu com precisão o impacto devastador do *lawfare*, não apenas para as vítimas diretas, mas para toda a sociedade brasileira. O que vivenciamos foi um verdadeiro massacre, um atentado à democracia e ao estado de direito de proporções alarmantes. Estivemos à beira do abismo como nação.

Felizmente, contamos com a liderança extraordinária do presidente Lula, um notório estadista cuja visão e capacidade de mobilização nos ajudaram a superar essa fase sombria. Ainda estamos em processo de recuperação, e iniciativas como a *Rede Lawfare Nunca Mais* e o Grupo Prerrogativas, juntamente com a mobilização de advogados, juízes e cidadãos conscientes, são fundamentais para enfrentar essa perseguição absurda que se abateu sobre o campo democrático popular.

É importante ressaltar que essa perseguição não se limitou ao PT, mas atingiu todos aqueles que se posicionavam em defesa da democracia e dos direitos sociais, independentemente de sua filiação partidária. Militantes sindicais, líderes de movimentos sociais e pessoas engajadas na luta por um país mais justo foram igualmente alvo dessa guerra híbrida.

Agora, é hora de nos munirmos de todos os instrumentos possíveis para defender a democracia, o estado de direito e os princípios civilizatórios. Não podemos permitir que práticas como as da Lava Jato se repitam. O combate ao *lawfare* deve ser travado em todos os espaços, nas escolas de direito, nas universidades e na sociedade como um todo. É preciso conscientizar as pessoas sobre os perigos dessa forma de ataque e construir uma frente ampla em defesa da justiça e da verdade.

Sabemos que o desafio é grande, pois por trás do *lawfare* existem interesses econômicos poderosos, especialmente dos Estados Unidos, que têm promovido esse tipo de estratégia em diversos países. No entanto, não podemos nos deixar intimidar. Temos a capacidade de enfrentar essa ameaça e construir um país mais justo e democrático para todos. Agradeço a vocês pelo trabalho que têm realizado e reafirmo meu compromisso com essa luta.

Henrique Pizzolato:

Fernando, sua análise foi didática e esclarecedora. Tivemos o privilégio de entrevistar por duas vezes o ex-primeiro-ministro de Portugal, José Sócrates, que também foi vítima do *lawfare* e ainda enfrenta as consequências dessa perseguição. Em sua última entrevista, há menos de um mês, ele afirmou: "Quem ganhou as eleições em Portugal foi o Ministério Público". De fato, o *lawfare* foi instrumentalizado para derrubar o governo socialista e abrir caminho para a ascensão da direita.

Fernando Pimentel:

O caso de José Sócrates é emblemático. As acusações contra ele eram completamente falsas, uma fraude que foi desmascarada posteriormente. No entanto, o estrago já estava feito. O governo socialista foi desestabilizado, novas eleições foram convocadas e a direita assumiu o poder. Foi um verdadeiro absurdo, uma demonstração clara de como o *lawfare* pode ser utilizado para manipular a vontade popular e subverter a democracia.

Henrique Pizzolato:

O caso de Portugal demonstra como o *lawfare* pode consolidar mudanças políticas indesejadas. José Sócrates expressou sua decepção com a incapacidade do Partido Socialista e da esquerda portuguesa de compreender e combater essa estratégia. A omissão e a falta de reação permitiram que a direita se fortalecesse e tomasse o poder.

Em 2019, o Papa Francisco, em um encontro com a associação de juízes católicos em Roma, alertou para a natureza exógena do *lawfare*, destacando a importância de detectá-lo e neutralizá-lo.

O *lawfare* é uma questão de Estado, não apenas de governo. No ano passado, a *Rede Lawfare Nunca Mais* apresentou uma proposta para a criação de uma Rede Nacional de Monitoramento e Combate ao *Lawfare* no Plano Plurianual. Diante disso, gostaria de saber sua opinião, Fernando, sobre como podemos levar esse debate para dentro do governo, dos partidos e das lideranças políticas, que muitas vezes são alvos do *Lawfare*. Como transformar a prevenção ao *lawfare* em uma política de Estado? Caso contrário, como disse Guilherme Estrella, "Eles vêm aqui, nos roubam o pré-sal à luz do dia, sem que sequer tenhamos ideia do valor do tesouro que nos roubaram".

Fernando Pimentel:

Henrique, o desafio do *lawfare* reside justamente em sua natureza insidiosa. Durante a ditadura militar, tínhamos um inimigo declarado, que podíamos enfrentar com coragem e determinação. O *lawfare*, por sua vez, se utiliza das próprias instituições e distorce a legalidade para nos atacar.

Henrique Pizzolato:

Diante dessa realidade, como podemos conscientizar as pessoas de que o *lawfare* não é uma questão trivial ou banal, mas sim uma ameaça séria à democracia e aos direitos fundamentais?

Fernando Pimentel:

Henrique, acredito que uma mudança constitucional poderia ser um passo importante para coibir os abusos do *lawfare*. Proponho que a Constituição estabeleça uma regra simples: todo agente do Estado que possua poder de polícia, seja ele policial, fiscal tributário, promotor público ou qualquer outro, deve ter pleno apoio do Estado para exercer suas funções e formar sua convicção. No entanto, ao exercer esse poder e tomar decisões que afetam a vida dos cidadãos, esses agentes devem assumir a responsabilidade pessoal por seus atos.

Por exemplo, quando um fiscal tributário lavra um auto de infração, ele está convencido, com base nas informações disponíveis, de que o cidadão cometeu uma infração fiscal. Nesse momento, ele deve assinar o auto de infração e colocar seu CPF, assumindo a responsabilidade pessoal por sua decisão. Se posteriormente o cidadão for inocentado, ele poderá mover uma ação de regresso contra o fiscal. O mesmo princípio se aplicaria a delegados de polícia, promotores públicos e outros agentes com poder de polícia.

Essa medida funcionaria como uma espécie de "lei de responsabilidade civil" para os agentes do Estado, protegendo os cidadãos de abusos e perseguições. Afinal, se gestores públicos respondem pessoalmente pelos contratos que assinam, por que os agentes com poder de polícia não deveriam responder por suas ações?

Acredito que essa mudança reduziria significativamente os erros e as perseguições, pois os agentes pensariam duas vezes antes de fazer acusações falsas ou tomar decisões arbitrárias. Muitas das barbaridades que testemunhamos no Mensalão, na Lava Jato, na Acrônimo e em outras operações simplesmente não teriam ocorrido, ou teriam sido minimizadas.

Sei que essa proposta enfrenta resistências, com argumentos de que o Estado deve proteger seus agentes. No entanto, como cidadão, acredito que precisamos nos proteger dos excessos e abusos cometidos por aqueles que detêm o poder de polícia. Precisamos nos precaver, como disse Pedro Aleixo, "contra o guarda da esquina".

Pizzolato:

A caixinha, do Deltan Dallagnol não seria suficiente para pagar as indenizações dos absurdos, dos *powerpoints*...

Fernando Pimentel:

Espero que um dia as sociedades democráticas alcancem a maturidade necessária para aceitar essa tese simples, mas fundamental: todos somos iguais perante a lei. Se, como gestor público, sou obrigado a assumir a responsabilidade pessoal pelos contratos que assino, mesmo sem conhecer os detalhes do processo licitatório, por que os agentes com poder de polícia deveriam ter um tratamento diferenciado? É hora de exigir que eles também coloquem seus CPFs em suas ações e assumam as consequências de suas decisões.

Cleide:

Sua proposta, Fernando, vai ao encontro da visão do brilhante professor José Geraldo, da UnB, que também defende a responsabilização dos agentes do Estado por seus atos. Em sua entrevista à *Rede Lawfare Nunca Mais*, ele enfatizou a importância de buscarmos mecanismos para responsabilizar os perpetradores do *lawfare*.

Fernando Pimentel:

Cleide, concordo plenamente com o professor José Geraldo. A responsabilização dos agentes do Estado é fundamental, mas o sistema atual dificulta esse processo. Atualmente, se um agente comete um erro ou abuso, o cidadão precisa processar o Estado, e não o indivíduo responsável. Mesmo que o Estado reconheça o erro e indenize o cidadão, raramente cobra do agente que cometeu o abuso, pois ele está protegido pela função que exerce.

Precisamos de uma lei específica de responsabilização, que vá além da Lei de Abuso de Autoridade. Essa lei deve ter um caráter preventivo, ou seja, deve desestimular o abuso antes que ele ocorra, e não apenas punir o agente depois que o dano já foi causado. A proposta de exigir que os agentes coloquem seus CPFs em suas ações é um passo nessa direção, pois os obriga a assumir a responsabilidade pessoal por suas decisões.

Cleide:

Fernando, essa guerra contra a democracia nos obriga a buscar soluções legais para combatê-la. O ex-ministro da Justiça Eugênio Aragão, em entrevista à *Rede Lawfare Nunca Mais*, defendeu a criação de uma lei que tipifique o *lawfare* como crime, considerando-o "imprescindível". A Alemanha já possui um dispositivo legal semelhante, o parágrafo 339 do Código Penal, que pune o servidor público que proferir uma decisão contra ou a favor de alguém, em desacordo com a legislação, com pena de um a cinco anos de prisão e perda do cargo.

Meu trabalho de conclusão de curso foi um anteprojeto de lei nesse sentido. No entanto, o debate sobre a responsabilização dos agentes do Estado ainda não está maduro o suficiente entre juristas e membros da Coalizão para a Democracia. Precisamos ampliar essa discussão e construir um consenso para que possamos avançar na proteção da democracia e do estado de direito.

Henrique Pizzolato:
A Itália também possui uma lei semelhante, criada após um caso de abuso do Ministério Público que levou um cidadão ao suicídio.

Fernando Pimentel:
Cleide, é animador saber que não estamos sozinhos nessa luta. Temos aliados poderosos, como o jurista Eugênio Aragão e o professor José Geraldo, além de um grande time de juristas democratas que podem nos ajudar a construir um sistema jurídico mais justo e democrático. Fico feliz em saber que sua tese aborda esse tema, pois demonstra que estamos no caminho certo. Quanto antes iniciarmos essa batalha, melhor.

JAIDER BATISTA DA SILVA

Foto: Dom Orvandil

Jaider Batista da Silva vive atualmente em autoexílio em Angola, exilado da guerra moderna travada por meio do direito e da mídia – a guerra do *lawfare*. Em tempos passados, o mal cósmico manifestava-se como bruxaria, heresia, comunismo e outros temores, resultando na perseguição e execução daqueles taxados de bruxos. Hoje, quem promove políticas voltadas para os direitos sociais é frequentemente acusado de corrupção e perseguido com acusações infundadas e frívolas.

A trajetória de Jaider Batista da Silva é marcante. Nascido em Governador Valadares, Minas Gerais, ele formou-se em jornalismo pela Universidade Metodista de São Paulo, possui mestrado em educação pela Unimep e acumula 30 anos de experiência como professor de jornalismo. Jaider foi coordenador de curso, diretor da faculdade de comunicação e diretor de assuntos estratégicos da Universidade Vale do Rio Doce em sua cidade natal. Além disso, dirigiu o Centro Universitário IPA, em Porto Alegre e o Centro Universitário Isabela Hendrix em Belo Horizonte.

No setor público, Jaider desempenhou funções importantes como secretário de planejamento e secretário de educação nos governos do PT em Governador Valadares. Atuou também como coordenador de obras escolares na Secretaria de Educação do Rio Grande do Sul e, durante o governo de Tarso Genro. E, em Minas Gerais, coordenou o Programa Aliança Estratégica de Integração dos Institutos e Universidades Públicas do Norte de Minas Gerais.

Em agosto de 2016, Jaider foi afastado da Secretaria de Educação de Governador Valadares sob acusações ilegítimas de corrupção pela operação denominada Mar de Lama, ficando preso por três meses. Até hoje, ele responde a processos reciclados pelo governo municipal a cada início de período eleitoral. Após sair da prisão, trabalhou como responsável pela comunicação no Sindicato Nacional dos Oficiais da Marinha Mercante no Rio de Janeiro. Com o fim do governo do PT em Minas Gerais, em março de 2019, Jaider partiu para Luanda, Angola, onde é professor de jornalismo na Universidade Metodista.

****

Como foi enfrentar todos esses desafios em cargos de primeiro escalão, e quais foram os legados dessas gestões para a população de Governador Valadares e do Rio Grande do Sul?

Esta breve biografia resume, de maneira considerável, meu envolvimento. Governador Valadares é a cidade onde nasci e vivi até os 19 anos, quando parti para cursar a universidade em São Paulo. Após concluir o mestrado, retornei para trabalhar na Universidade Vale do Rio Doce.

Sou filiado ao Partido dos Trabalhadores desde os 18 anos, participando desde a fundação do PT na cidade. Na universidade em Valadares eu acompanhava os planos de governo, pois era uma tradição no PT elaborar planos de governo para cada processo eleitoral, apresentando-os à população, delineando as propostas de nossos candidatos e candidatas.

Valadares é uma cidade singular, marcada por uma pobreza extrema. Não fossem as remessas dos imigrantes nos Estados Unidos, Valadares teria um padrão econômico comparável ao Sertão nordestino ou à região do Jequitinhonha em Minas Gerais. Contudo, ao visitar a cidade, nota-se uma aparente prosperidade no comércio e no mercado imobiliário, fruto das remessas enviadas do exterior. Essa realidade cria uma distorção na percepção dos próprios valadarenses sobre sua condição. Entretanto, ao observarmos o poder público, fica evidente o verdadeiro nível de pobreza que ainda assola a cidade.Parte superior do formulário

Para ilustrar, quando eu estava na universidade, participei de um dos diversos grupos que trabalhavam na elaboração do mapa da fome durante a época do Betinho. Enquanto Piracicaba, uma cidade com a mesma população de Governador Valadares na época, apresentava 1.700 famílias abaixo da linha da pobreza, Governador Valadares tinha 17.000. Ou seja, duas cidades com populações equivalentes, mas Valadares possuía dez vezes mais famílias vivendo na pobreza.

Diante dessa situação, o Partido dos Trabalhadores em Valadares precisava oferecer uma resposta concreta, não podendo se sustentar na ilusão de prosperidade que as remessas dos Estados Unidos criavam, uma fachada que escondia a miséria absoluta em várias áreas da cidade.

Quando a prefeita Elisa Costa foi eleita, ela me convidou para ser o secretário de planejamento. Assumi a secretaria e, através do planejamento urbano, estabelecemos as bases para a implementação do programa Minha Casa Minha Vida.

Quando a presidenta Dilma lançou o programa Minha Casa Minha Vida, boa parte das questões habitacionais de Valadares, que sofria com uma precariedade generalizada, pôde ser abordada de maneira efetiva, pois a cidade estava preparada. No segundo governo da prefeita Elisa Costa, um outro colega levou adiante a maior parte do programa Minha

Casa Minha Vida, mas foi na secretaria de planejamento que tivemos a oportunidade de organizar e planejar sua implementação na cidade.

Para exemplificar, numa cidade com um déficit habitacional de 8.000 a 9.000 moradias, conseguimos construir pelo menos 6.000 durante aquele período. Isso foi um avanço significativo, algo que não tem volta. É claro que, posteriormente, houve degradação de algumas áreas do Minha Casa Minha Vida devido à retirada de policiamento, maus-tratos aos moradores ou facilitação do tráfico de drogas, mas o fato é que muitas pessoas hoje possuem sua própria casa, em áreas com quintais. Fizemos questão de não construir qualquer tipo de moradia. Eram casas com quintais grandes, infraestrutura de asfalto, condições sanitárias adequadas, rede de ônibus e todos os serviços essenciais.

Essa transformação é irreversível, mesmo diante de qualquer perseguição. A mudança veio para ficar. No segundo governo, quando assumi a secretaria de Educação, continuamos o trabalho iniciado pela colega Sames no primeiro mandato, com a implementação das escolas de tempo integral. Diferentemente do que o PSDB fazia no governo estadual, não se tratava de criar escolas-modelo isoladas, mas sim de integrar toda a rede municipal, numa cidade pobre. Isso significava incluir 25.000 crianças em tempo integral, oferecendo quatro refeições diárias e transporte escolar.

A dimensão dessa mudança é transformadora. Por exemplo, na época da eleição da prefeita Elisa, Valadares era a terceira cidade com maior índice de violência contra crianças no Brasil. Os homicídios de menores eram alarmantes. No entanto, após quatro anos de implantação das escolas de tempo integral, Valadares já não figurava nem entre as 100 cidades mais violentas para crianças.

Percebam a mudança: de terceira cidade mais violenta para crianças, Valadares passou a não estar nem entre as 100. Continuava sendo uma cidade marcada pela violência histórica – desde a violência contra o povo indígena Krenak até a opressão dos imigrantes nordestinos que ajudaram a construi-la. Contudo, as crianças estavam agora protegidas pelo ambiente seguro e estruturado das escolas de tempo integral.

Das 8 da manhã às 17 horas, as crianças estavam na escola, recebendo quatro refeições e toda a proteção que o ambiente de tempo integral oferecia. Os conselhos escolares passaram a ter uma autonomia significativamente maior, com as diretoras e gestores escolares dispondo de mais recursos financeiros. Eles precisavam gerir as prioridades de suas escolas e se responsabilizar pela administração desses recursos. Esse processo descentralizou a gestão dos recursos e a tomada de decisões, conferindo mais poder e responsabilidade às próprias escolas durante o governo do PT.

Esse avanço também não tem volta. Mesmo com os governos de extrema direita em Valadares, que sucederam ao nosso, tentando de todas as formas acabar com a escola de tempo integral, a sociedade e a população não aceitaram. Reduziram o funcionamento das escolas em duas horas e a qualidade da alimentação já não é a mesma, mas eles não conseguiram eliminar o programa por completo.

Outra questão fundamental foi a educação infantil. Provavelmente, Valadares foi uma das primeiras cidades do país, se não a primeira, a garantir pleno atendimento para crianças de zero a três anos, além da educação pré-escolar para crianças de quatro e cinco anos. Redimensionamos toda a rede municipal para assegurar que todas as crianças, cujas famílias necessitassem de cuidados durante o horário de trabalho, tivessem acesso a creches.

Hoje, não sei exatamente como está a situação, mas acredito que é difícil que tenha havido um retrocesso tão grande a ponto de não haver mais atendimento para essas crianças. Esses avanços, apesar das dificuldades, foram significativos e estabeleceram um novo patamar de atendimento e proteção para a infância em Valadares.

Então, à sua pergunta sobre qual foi o legado, penso que fica respondida dessa maneira. Jaider Angola: No Rio Grande do Sul, sob a gestão do secretário José Clóvis, a educação também passou por uma grande transformação. A internet foi levada às áreas rurais e fronteiriças, e foi garantido o programa de um computador por criança, pois no Uruguai, o governo popular já havia implementado algo semelhante. O Rio Grande assumiu o desafio de promover o ensino médio integral para evitar que os adolescentes se envolvessem com o crime. Todas essas iniciativas foram parte do governo do PT, durante o mandato de Tarso Genro, com o secretário José Clóvis, e eu participei desse processo, trabalhando na área de obras escolares da Secretaria de Educação. Em Minas, na Secretaria de Ciência e Tecnologia, um bom amigo, professor do Instituto Federal, Márcio Portes, me convidou, mesmo em meio à intensa perseguição que eu sofria, para assumir um programa chamado Aliança Estratégica.

Minha responsabilidade incluía os Institutos Federais e Universidades do Norte de Minas. O Norte de Minas ampliado, entendido como a Metade Norte, que inclui o Noroeste e os vales do Mucuri e do Jequitinhonha, é uma região imensa, representando quase 50% do território do estado, mas com apenas 5% do PIB, por exemplo. Articular as universidades públicas e institutos dessa região em ações voltadas para a população por meio da ciência foi uma iniciativa inteligente da secretaria na época, e começou a dar resultados.

Contudo, com a mudança de governo, a primeira ação do novo governo de direita foi intervir na FAPEMIG, a fundação que mantinha esse programa. Essa intervenção direta na Fapemig, algo que nosso governo sempre se recusou a fazer, minou a continuidade do trabalho. A direita interveio, passando a decidir as prioridades da FAPEMIG, retirando essa responsabilidade dos cientistas. Com isso, Minas Gerais começou a perder sua capacidade de promover transformações a partir da infraestrutura de suas universidades e institutos. Esse é o legado, Cleide.

Sandra:

Como se vê, companheiro, você apresentou motivos para se tornar um alvo dessa nova forma de guerra, o "*lawfare*", que, literalmente, é uma guerra. Como se deu a perseguição contra você, Jaider?

Jaider:

Eu demorei a perceber a perseguição. Eu acreditava nas instituições. Antes de ser um sujeito de esquerda, me via como um democrata, sempre acreditando que uma democracia não se sustenta apenas no voto popular ou na mobilização social, mas também em instituições fortes. Essa crença nas instituições me tornou ingênuo; não percebi que elas já estavam corroídas, comprometidas demais com propósitos antipopulares.

Para vocês terem uma ideia, nas primeiras vezes em que fui chamado à Polícia Federal para prestar depoimentos, fui sem advogado. Eu me considerava um colaborador de uma instituição pública, a qual queria crer que era idônea e asseguradora do processo democrático, e não parte da corrosão desse processo. Tratava com respeito aqueles que não mereciam respeito.

O delegado da Polícia Federal em Governador Valadares, Cristiano Jomar Costa Campidelli, era um homem abusivo e cruel. Ele usou todas as formas imagináveis para descredibilizar o governo e destruir pessoas. Ele tinha interesses e propósitos particulares nisso.

Hoje, sei que esse senhor foi promovido pelo Ministro Dino, Ministério da Justiça, para uma função qualquer no nosso governo, em Brasília. Um homem perigoso para a democracia, mas que eu tratava com a distinção que um delegado da Polícia Federal, a meu ver, merecia.

Na época, eu não sabia que meu telefone estava grampeado, sequer que estava sendo vigiado. Eu nem percebia nada disso; vivia livremente, como entendia que um cidadão deveria viver, de forma altiva, numa democracia. Eu tinha uma crença na democracia que não correspondia à realidade; deveria ter sido mais desconfiado, mas demorei a desenvolver essa postura.

O Ministério Público foi pérfido. É interessante notar que tínhamos um promotor da infância Randal Bianchini, que posteriormente, no governo da direita, tornou-se quase um serviçal do prefeito. No entanto, durante o governo do PT, ele exigia da nossa prefeita o cumprimento de metas na educação infantil que não estavam de acordo com o plano decenal de educação.

Por exemplo, o plano decenal previa que atingiríamos determinado percentual de crianças atendidas na educação infantil até 2019. Ele exigia um patamar muito maior e processava a prefeita a cada mãe que aparecia no Ministério Público exigindo vagas que não eram conseguidas. Diante disso, discutimos no governo e decidimos comprometer recursos que não tínhamos para garantir a educação infantil plena.

Curiosamente, quando conseguimos garantir plenamente o atendimento na educação infantil, a prefeita já acumulava 43 ações do Ministério Público contra ela. Ela não conseguia mais se mexer; estava impedida para o resto da vida de qualquer ação política depois daquele mandato, devido às ações desse promotor. O mesmo promotor que, posteriormente, tornou-se um fantoche do governo de direita seguinte. Esse promotor fazia o uso do cargo para agir como se fosse eleito. No governo posterior, de direita, ele transformou-se em colaborador ativo, deixando-se fotografar em atividades políticas com o prefeito e não exercendo a vigilância que cabe ao MP.

É interessante notar que nenhuma das acusações contra mim à época se deu pela secretaria de Educação. Eles realizaram várias buscas e apreensões na secretaria, levando toneladas de documentos. Tivemos que fazer inúmeras cópias, já prevendo a espetacularização das ações da polícia. Para vocês terem uma ideia, quando a Polícia Federal chegava, os políticos de oposição já estavam com carros de som, anunciando que "os ladrões da prefeitura" tinham feito isso e aquilo. Os trabalhadores, a população indo para o trabalho, já ouviam essas acusações antes mesmo de nós sabermos da operação. Era uma clara colaboração entre a polícia e esses grupos de oposição, incluindo grupos ligados à maçonaria de Valadares, à associação comercial, entre outros.

Na época, a presidenta Dilma resolveu que todo município com mais de 100.000 habitantes e que tivesse obras do PAC deveria ter um comitê gestor do PAC. E, por algum motivo, acabei fazendo parte desse comitê gestor do Programa de Aceleração do Crescimento (PAC), chegando a coordená-lo por algum tempo.

O conjunto de obras do PAC na cidade passava pelo filtro e monitoramento desse comitê, assim como a relação com a Caixa Econômica Federal. Em uma dessas ocasiões, um colega do Serviço Autônomo de Água e Esgoto estava em Brasília e me pediu para representá-lo em uma reunião na Caixa. Durante essa reunião, os representantes da Caixa perguntaram sobre as pranchas dos projetos de tratamento de esgoto, dizendo que o projeto não estava completo e que o prazo estava se esgotando. Faltavam duas pranchas de um total de 16 ou 18, e nos cobraram por isso. Então, liguei para cobrar as duas pranchas da empresa responsável.

Na leitura do delegado da Polícia Federal, que posteriormente me mostrou a gravação, "pranchas" era sinônimo de propina. Eles interpretaram que eu estava cobrando uma parte do dinheiro que deveria ser entregue a mim e que não havia sido repassado. Nada disso tinha a ver com a Secretaria de Educação, mas sim com as obras do PAC.

O que mais dói é que sempre fui extremamente zeloso em questões financeiras, sendo rigoroso até o extremo. Foi durante governos do PT que promovemos a Lei da Ficha Limpa, fortalecemos o Ministério

Público e a Polícia Federal. Ou seja, nos armamos contra nós mesmos, acreditando na importância de instituições fortes e na integridade do processo democrático, sem perceber que essas mesmas instituições poderiam ser usadas contra nós de forma distorcida e injusta.

Essa gravação do telefone grampeado foi usada como prova principal em uma delação. O delator, que era de um partido de direita aliado ao nosso governo e havia sido vice-diretor do Serviço Autônomo de Água e Esgoto, estava envolvido em corrupção e fez uma delação para desviar o foco de si quando foi acusado. Essa gravação foi a prova que me levou à prisão.

Primeiramente, a polícia realizou uma busca e apreensão em minha casa. As crianças ainda estavam na cama. Tive que negociar com os policiais para esperar as crianças saírem de casa, evitando que vissem a casa tomada por eles. As crianças tiveram que acordar mais cedo e foram levadas para a escola fora do horário habitual. Depois disso, os policiais entraram e fizeram a busca e apreensão.

Na segunda visita, eles voltaram com um mandato de busca e apreensão e reviraram a casa de cabeça para baixo. Não encontraram nada relevante, levando apenas celulares. Nunca tivemos nada suspeito, nem dinheiro em contas ou bens incompatíveis com nossos salários. Nossa casa era alugada, não havia nada que chamasse atenção.

No final da busca, ao não encontrarem nada, anunciaram que também tinham uma ordem de prisão. Depois de mais de uma hora e meia revistando a casa, eles me informaram que eu estava sendo preso. Fui conduzido à Polícia Federal, saindo algemado em uma viatura com sirenes ligadas, desfilando pelas ruas da cidade.

Cheguei ao hospital municipal para fazer o exame de corpo de delito. Vocês podem imaginar a cena: um hospital municipal cheio, uma multidão aguardando atendimento, e eu chegando algemado, escoltado. De lá, fui levado para a penitenciária de Governador Valadares.

Outras pessoas já estavam presas pela mesma operação, que nomearam "Mar de Lama". Esse nome foi apropriado do termo usado por Carlos Lacerda no Rio de Janeiro para criticar o governo de Getúlio Vargas. Eles se apropriaram de algo que já era deles, de certa forma. É importante ressaltar que, até hoje, na Wikipédia, a versão da operação "Mar de Lama" apresentada é a dos senhores da Polícia Federal e do

Ministério Público. Tentei alterar essa versão, mas na Wikipédia as mudanças frequentemente retornam ao estado anterior.

Precisamos encontrar uma forma de mudar isso, de apresentar uma narrativa que reflita o que realmente foi descoberto depois, alterando aquilo que continua constando lá sobre nós. Se vocês fizerem uma busca por "Operação Mar de Lama", encontrarão essa história toda na versão deles.

Carlos Lacerda usou o termo "Mar de Lama" para atacar o governo de Getúlio Vargas, e o mesmo nome foi dado à operação em Governador Valadares. Eles acusaram nossa prefeita e nosso governo de tudo o que vocês possam imaginar. Por exemplo, havia uma concorrência para a construção de uma estação de tratamento de resíduos sólidos, com um contrato de exploração de 30 anos.

Primeiramente, o Ministério Público alegou que o aterro sanitário existente não era adequado e precisava ser fechado. Então, tivemos que buscar outro aterro dentro das novas exigências legais, a 20 ou 30 km fora da cidade. A exploração desse novo aterro ao longo de 30 anos geraria algo em torno de 1 bilhão de reais. O edital estava sendo preparado nesse contexto, passando pelo comitê gestor do PAC.

O Ministério Público pegou esse edital, que nunca foi publicado e que era apenas um exercício de orçamento e planejamento, e afirmou que o governo do PT em Valadares estava desviando 1 bilhão de reais. Esse valor era o dobro do nosso orçamento anual! Para vocês entenderem, a cidade de Governador Valadares tinha um orçamento anual de 500 milhões de reais, e eles pegaram essa discussão de um projeto a ser realizado nos próximos 30 anos para alegar que já havia um desvio em andamento. A população não tem noção do que é 1 bilhão de reais, assim como não sabe que o orçamento anual da cidade era de 500 milhões. Essas desproporções e distorções nunca foram debatidas adequadamente, e nós nunca tivemos a oportunidade de esclarecer a população. A destruição do PT em Valadares foi muito intensa; o partido havia governado por três mandatos e promovido transformações sociais significativas, mas esse processo de destruição foi devastador.

Para se ter uma noção, nós saímos de mais de 50% dos votos para apenas 9%. O colega que aceitou se sacrificar como candidato a prefeito, no meio da Operação Mar de Lama, foi o vereador Glêdston. Ele obteve apenas 9% dos votos. Um partido que anteriormente tinha mais de 50% de apoio, em pouco mais de um ano de operação, viu esse apoio despencar. Esse foi o nível de destruição que enfrentamos.

É importante mencionar que o Ministério Público já havia solicitado minha prisão quatro ou cinco vezes, mas o juiz federal, um homem digno, institucional e estudioso, se negou a conceder o pedido. Então, quando ele entrou de férias, o juiz auxiliar, como sua primeira medida, ordenou minha prisão. Foi ele quem autorizou a operação que inicialmente começou como busca e apreensão e depois incluiu minha prisão, me levando para a cadeia.

Tenho colegas professores que comentam que na sala de professores da Faculdade de Direito - FADIVALE, esse juiz auxiliar e promotores também professores apostaram sobre a minha prisão, discutindo se ela aconteceria ou não. Após minha prisão, houve comemoração por parte dos promotores no clube Filadélfia, com muita bebida. A destruição de todo o processo social em Valadares foi meticulosamente planejada, envolvendo um nível de deboche que desonrou as instituições.

As autoridades envolvidas não se comportaram como tais. Os promotores desonraram suas funções nos ministérios públicos estadual e federal, e o juiz federal auxiliar desonrou a Justiça Federal. Eles se comportaram de maneira indigna na época, comprometendo a integridade das instituições que deveriam proteger e servir a sociedade.

O processo já vinha há algum tempo. A extrema direita tomou o sindicato dos servidores municipais, transformando-o em uma corrente de transmissão para toda essa operação. É importante dar nome aos envolvidos. O sindicato, sob a liderança do senhor Dirley e outros, promoveu um verdadeiro terrorismo entre os funcionários e servidores municipais. O dano que eles causaram à civilidade e à cidadania em Valadares vai demorar muito para ser recuperado.

No domingo da minha prisão, o programa Fantástico, da Globo, dedicou 15 minutos para cobrir a Operação Mar de Lama, de uma cidade do interior de Minas. Os telejornais da cidade traziam de uma hora para outra as matérias sobre a prisão que, claramente, já estavam prontas antes. O jornal local, Diário do Rio Doce, publicou uma série de matérias e, na capa, nos chamou de "O Quarteto Fantástico". Esse grupo incluía a mim, secretário de Educação; Omir Quintino, colega diretor do Serviço Autônomo de Água e Esgoto; Ranger Belisário, secretário de Administração; e Schinyder, procurador do município. Tudo foi tratado com deboche. Até a audiência de custódia, realizada após a prisão preventiva. O jornalismo sensacionalista e a cobertura midiática intensa ajudaram a construir essa narrativa, contribuindo para a destruição da imagem e do legado do nosso governo. Além disso, a extrema direita, após tomar o sindicato, usou essa plataforma para amplificar o terror e a desinformação entre os servidores, ampliando o impacto negativo sobre a cidade.

Fui exposto ao máximo que puderam expor. Tinha que usar roupa de prisioneiro e ser algemado. Em vez de entrar pela garagem do prédio da Justiça Federal, era levado pela frente, onde havia um dos pontos de ônibus mais movimentados da cidade. Isso resultava em vaias, xingamentos e tudo que vocês possam imaginar.

Tenho quatro filhos: dois filhos e duas filhas. Na época, os dois mais novos estavam no ensino médio, sendo uma no Instituto Federal. Tanto ela quanto meu filho foram vítimas de toda sorte de ataques, tanto nas redes sociais quanto nas salas de aula, sendo chamados de "filhos do ladrão".

Essa situação foi devastadora para minha família e, mais amplamente, para toda a comunidade que havia depositado confiança em nosso governo. O impacto emocional e social foi imenso, e a perseguição se estendeu a todos os aspectos da nossa vida.

O que mais me afligia era o peso que isso podia estar colocando sobre eles. Todos na família se comportaram de maneira muito nobre e altiva, mas isso teve um custo emocional muito alto, um custo que eles tiveram que administrar depois em suas vidas, e eu não tenho plena noção de quanto isso os feriu.

Nas redes sociais, ameaçavam minha esposa, diziam que sabiam onde morávamos e que organizariam grupos para atacar a casa. Quando fui preso, a primeira coisa que pedi a ela foi que fosse para a casa da avó. Essa avó, que hoje já não vive, teve a gentileza de nos ceder o apartamento dela para que minha família se mudasse de uma hora para outra, pois nossa casa corria, de fato, o risco de ser atacada por populares.

Minha irmã, doutora em direito, que me orientou o tempo todo, guardou todos os ataques recebidos nas redes sociais. Boa parte desses ataques vinha de policiais, agentes da Polícia Militar de Minas Gerais, que se prestavam a fomentar esse tipo de situação. Temos tudo isso documentado.

Essa situação causou um enorme sofrimento para todos nós. Minha família foi forçada a lidar com ameaças e intimidações constantes, enquanto eu enfrentava as consequências legais e a humilhação pública. Apesar de toda a dor, mantivemos nossa dignidade e lutamos para provar nossa inocência e expor as injustiças cometidas contra nós.

Na época, aconteceu o desastre de Mariana, o desastre da Vale, que para nós lá é a Vale do Rio Doce ainda, que devastou o rio Doce. Esse desastre danificou todo o ecossistema e inviabilizou a vida do povo Krenak, que tem o rio Doce como fonte de vida, como pai. Você pode imaginar uma cidade de 300.000 habitantes, como Governador Valadares, de uma hora para outra, sem água. Toda a nossa água era captada do rio Doce, e agora ele era apenas lama.

Manter a rede de educação operante sem água foi um desafio colossal. Se fechássemos as escolas, como ordenava o Ministério Público, a Secretaria de Educação alertava que, em uma semana, os hospitais estariam sobrecarregados com crianças sofrendo de doenças decorrentes da falta de saneamento. Assim, fomos compelidos a manter as escolas abertas para evitar o colapso do sistema de saúde. Destinamos verbas, e até recursos inexistentes, para transportar água de Ipatinga em caminhões-pipa. A estrada se transformou num incessante fluxo de caminhões-pipa, essenciais para a continuidade das aulas.

O Ministério Público Estadual, no entanto, foi implacável. O promotor, na época, era um homem ressentido; durante o primeiro governo do PT, sua mãe fora removida de uma escola estadual por acusação de nepotismo, e a denúncia, respaldada pela comunidade, contara com o apoio do PT. Ele nunca perdoou e atacou o partido com veemência. Naquele período, ele saboreou seu momento de glória, sendo um homem pequeno que ansiava parecer gigante.

Frequentava as escolas acompanhado pelas câmeras da Globo, e proferia: "Toda essa merenda escolar..." – ele sequer usava o termo "alimentação", numa tentativa deliberada de menosprezar nossos esforços. Aproveitava a cobertura midiática para moldar uma narrativa de incompetência e corrupção, buscando desacreditar todo o nosso trabalho.

Nós já tínhamos superado a noção de merenda há muito tempo. A alimentação escolar era de alta qualidade e cuidadosamente preparada. Esse promotor, Evandro Ventura, ia às escolas com as câmeras da Globo para filmá-las, e dizia: 'Toda essa merenda escolar... Tem comida podre aqui dentro.' Vocês podem imaginar o impacto disso para as famílias das crianças. As merendeiras, que tinham tanto orgulho da qualidade dos alimentos que preparavam todos os dias, ficavam extremamente sentidas, choravam.

Esse homem fazia essas acusações no jornal da hora do almoço para impactar as famílias e descredibilizar a escola de tempo integral. Ninguém pode esquecer o que aquele homem fez. Ele desonrou o trabalho de pessoas dedicadas e espalhou desconfiança e medo em uma comunidade já abalada por tantos problemas. As famílias das crianças, ao verem essas reportagens, ficavam alarmadas e desconfiadas. Era uma tentativa clara de minar a confiança nas nossas instituições e desestabilizar o trabalho que havíamos construído com tanto esforço. A dignidade e o respeito pelo nosso trabalho foram deliberadamente atacados, um custo emocional enorme para todos os envolvidos.

Pizzolato:

A sua experiência no Brasil, com a negação de direitos fundamentais como o juízo natural e a angustiante exposição pública, ecoa a minha própria história. A ruptura da ordem legal e a transformação do sistema judicial em um "show de horrores", como você descreveu, me impulsionaram a buscar refúgio na Itália, em busca de um julgamento justo.

Agora, você, em Luanda, também trilha o caminho do exílio. Compartilha conosco, o que te levou a tomar essa decisão? Quais situações te convenceram de que deixar o Brasil era a única alternativa? E, principalmente, como você lida com a distância, a saudade e a incerteza que acompanham essa condição de autoexílio?

A sua voz, assim como espero que a minha seja, é um testemunho importante sobre a realidade que vivemos e um alerta para a necessidade de defendermos a justiça e a democracia.

Jaider:

Deixei o Brasil em grande parte para poupar minha família, para que eles não precisassem enfrentar todas as situações difíceis que estávamos vivenciando. Minha família foi maravilhosa, me protegeu e me cercou de todas as formas: desde as orações da minha mãe até a ação ativa dos meus irmãos e irmãs. Amigos de todo esse tempo de trabalho pelo Brasil agiram com extrema solidariedade. Houve manifestos publicados nos jornais com centenas de assinaturas em minha defesa. Tudo isso ajudou a estabelecer um limite para eles.

É importante mencionar que só saí da cadeia quando o juiz federal titular retornou das férias. Foi ele quem criou as condições para minha liberação. Depois, informamos a ele sobre minha partida para Angola, quase como um pedido de permissão para deixar o país.

No primeiro momento, além do apoio dos amigos em todo o Brasil e da família, a Igreja Anglicana foi extremamente importante. Um pastor anglicano, Ariel Irrazábal, da capelania de marinheiros e de origem uruguaia, visitou-me na prisão. Durante a visita, ele disse: "Eu não vim só fazer uma visita. Trouxe uma proposta de trabalho para você. O Sindicato Nacional dos Oficiais da Marinha Mercante no Rio de Janeiro oferece um trabalho para você, como jornalista, e também vou informar o juiz sobre essa oferta, para que você tenha permissão de ir para lá." Fui libertado no dia 12 de outubro e, na manhã do dia 13, já estava no sindicato, trabalhando. Saí de Valadares para o Rio de Janeiro sem tempo de me despedir de todos os familiares. Fui diretamente para o trabalho no Rio de Janeiro.

Deixar o Brasil foi uma decisão difícil, mas necessária para proteger minha família e buscar justiça em um ambiente menos hostil. Agora, em Luanda, vivo em autoexílio. É uma experiência complexa, marcada pela saudade, mas também pela esperança de que, um dia, a verdade será reconhecida e a justiça será feita.

Depois do período no Sindicato da Marinha Mercante, fui para a Secretaria de Ciência e Tecnologia, onde peguei o fim do governo Pimentel. Quando o governo Pimentel terminou e houve a intervenção do governo de direita na FAPEMIG, percebi que não tínhamos mais espaço para respirar. Então, escrevi para amigos ao redor do mundo, pessoas em quem eu confiava, explicando minha situação.

O bispo metodista de Angola, Gaspar João Domingos, que foi meu colega de universidade em São Paulo, respondeu prontamente. Nós éramos colegas de juventude em São Paulo, dos 19 aos 23 anos. Ele disse: "Jaider, você pode vir amanhã, tem lugar para você aqui na universidade." Então, juntei os documentos e vim para cá o mais rapidamente possível.

Percebi que o Brasil estava entrando em um processo de estrangulamento completo. Quando o governo de extrema direita venceu também nacionalmente, ficamos sem apoio no município, no estado e no governo federal. E, cada vez que eu achava que uma ação contra mim estava encerrada, surgiam novas acusações.

Pizzolato:

É a metodologia deles. E quando não conseguem mais atingir diretamente a pessoa, vão para cima dos familiares. É o protocolo deles. Eu vivo isso; quando não conseguiram mais me atingir, processaram a Andréa, minha esposa. E esses são os relatos que ouvimos em Brasília e em outros lugares. Infelizmente, no Brasil, há pouco conhecimento sobre isso, ou ninguém quer falar muito a respeito.

São dezenas e dezenas de pessoas na mesma situação. O seu caso, o meu caso, e tantos outros que estamos conectados pela rede. Só agora estamos descobrindo quantas pessoas no Brasil estão enfrentando esse nível de perseguição. É uma realidade sombria que precisa ser mais conhecida e debatida, para que haja uma chance de justiça e restauração da dignidade para todos nós.

Jaider:

Neste ano, com o início das discussões sobre as eleições municipais, surgiu um novo processo relacionado à alimentação escolar. Para contextualizar, fui preso e exonerado da Secretaria de Educação em agosto de 2016. Agora, em junho de 2024, a Prefeitura de Valadares reabriu um processo, alegando que o FNDE recebeu uma denúncia da cooperativa de Manhumirim.

Adquiríamos a maior parte dos alimentos de cooperativas e associações populares de agricultores. Uma dessas cooperativas, a de Manhumirim, foi alvo de uma denúncia alegando que o dinheiro não foi bem distribuído entre os sócios, os produtores. Portanto, de quem é a culpa? E quem querem condenar? Como sempre, a mim.

O contrato com a prefeitura foi cumprido: os alimentos foram entregues, as crianças foram alimentadas e os pagamentos foram realizados. A relação contratual foi respeitada em todos os aspectos. Agora, me acusam de algo que não tem a ver com a prefeitura, mas com a cooperativa. Se essa denúncia realmente existe, ela se refere à gestão interna da cooperativa, e não à relação do poder público com ela. E assim continuam, nunca me deixando livre de processos.

Essa nova perseguição é mais uma tentativa de me descredibilizar e de manter a pressão constante sobre mim e sobre minha família. Cada novo processo é um lembrete de que, mesmo a quilômetros de distância, a sombra da injustiça e da perseguição ainda paira sobre nós. A luta pela verdade e pela justiça continua, sendo crucial que essas práticas abusivas sejam expostas e combatidas para garantir que a dignidade e os direitos de todos sejam respeitados.

Pizzolato:

Contra o Leonardo, que foi seu colega como prefeito de Colatina, buscaram um processo, um ajuste de conduta, de três governos anteriores, para incriminá-lo. Sim, há uma metodologia, um protocolo. Eles têm um método, uma forma de trabalhar e atuar com delinquência.

Tomaram a casa dele; a casa da família não existe mais. Essa truculência passa despercebida pelo povo, e inclusive pelo nosso governo, que não reconhece a gravidade da situação. Infelizmente recebemos na *Rede Lawfare Nunca Mais* vários relatos que compartilham uma semelhança inquietante.

E é justamente a semelhança entre eles que lhes confere a verossimilhança, acima de tudo por o método.

Jaider:

Essa iniciativa de vocês é muito boa, porque ela lava a alma. Então, muito obrigado a vocês. O bem que vocês estão fazendo ao Brasil, à democracia e à civilidade é imenso; vocês não têm noção. Quero me despedir demarcando duas situações.

Primeiro, minha tristeza com o sequestro da fé evangélica em Valadares e no Brasil. O desserviço que as igrejas evangélicas estão prestando é enorme. Eu sou de uma família toda evangélica, toda metodista. Minha avó e minha bisavó ficariam imensamente tristes de ver no que nossas igrejas se tornaram: uma corrente de transmissão da extrema direita americana, uma corrente de transmissão de todas as perversões sociais. Os evangélicos precisam se dar conta disso e se libertarem, fazer com que as igrejas voltem a ser um lugar de criticidade, liberdade e solidariedade, não isso em que se tornaram.

Valadares é uma cidade muito evangélica, e isso explica 70% dos votos para Bolsonaro lá. Isso explica 80% dos votos para o governo de direita na prefeitura. Ou seja, as pessoas deixaram de pensar e viraram gado, um verdadeiro rebanho.

Aqui em Angola, o tempo todo eu trabalho com meus estudantes para que tenham cuidado com as Big Techs. Se vocês buscarem Angola nas grandes redes mundiais, só vão ver notícias ruins sobre o país e péssimas notícias sobre o governo de Angola. Ou seja, é para destruir, para dizer que aqui nada de bom é feito, que nada se produz. O desserviço que as Big Techs prestam a Angola é imenso.

Os jornalistas aqui acabam, muitas vezes, tendo discussões superficiais. Como os principais jornais aqui são estatais, eles acham que, se a imprensa fosse toda privada, seria melhor. Eu digo que não. O que tem de ser público é o espírito jornalístico. Não é o fato de ser estatal ou privado que vai fazer a imprensa ser correta.

Eu mostro para eles como a imprensa privada no Brasil comete crimes. Ensinar jornalismo talvez sempre tenha sido difícil, mas hoje me parece ainda mais desafiador devido à ação das Big Techs.

LEONARDO DEPTULSKI

Foto: Site CBN-SUAÇÍ/MG

No meio do caminho

Carlos Drummond de Andrade

No meio do caminho tinha uma pedra
tinha uma pedra no meio do caminho
tinha uma pedra
no meio do caminho tinha uma pedra.

Nunca me esquecerei desse
acontecimento
na vida de minhas retinas tão fatigadas.
Nunca me esquecerei que no meio do
caminho
tinha uma pedra
tinha uma pedra no meio do caminho
no meio do caminho tinha uma pedra.

OPERAÇÃO JOGO DE DAMAS: Um caso de *Lawfare* no Espírito Santo

Descendente de uma família de agricultores, segui um caminho inesperado em 2008 ao ser eleito prefeito de Colatina, uma das cidades mais proeminentes do norte do Espírito Santo e berço de tradicionais famílias políticas que produziram governadores, senadores e deputados. Com uma população de aproximadamente 120 mil habitantes, Colatina já ostentou o título de capital do Norte, sendo o maior produtor de café na década de 1950 e, atualmente, destacando-se no comércio e na indústria regionais, especialmente na indústria do vestuário. Desde o início de minha jornada política, minha filiação ao Partido dos Trabalhadores, em 1980, assumida com convicção e transparência, foi um marco significativo. Além de petista, sou militante de movimentos sociais, sindicais, de direitos humanos e ecológicos, tendo presidido o Comitê da Bacia do Rio Doce em duas ocasiões, uma luta de extrema importância. Atribuo a essa trajetória e ao engajamento de nossa equipe de governo a expressiva aprovação de 64% que me garantiu a reeleição para prefeito em 2012.

O trabalho social que realizamos na Prefeitura de Colatina, a partir de 2009, estabeleceu uma rede de proteção social robusta. Construímos e estruturamos 16 unidades de saúde, 4 creches, 3 Centros de Referência em Assistência Social (CRAS) e 2 Centros de Referência Especializados em Assistência Social (CREAS), além de entregar 2.000 casas populares. Também ampliamos a Escola de Tempo Integral, estendendo a jornada em 28 escolas municipais. Essas iniciativas proporcionaram um atendimento humanizado e digno à população, especialmente àqueles em situação de vulnerabilidade. Essa proximidade com os cidadãos menos favorecidos consolidou nosso trabalho nos primeiros quatro anos de mandato, permitindo-nos alcançar aquela expressiva vitória nas urnas.

É importante salientar que já possuía experiência na gestão pública, tendo atuado como secretário de planejamento de 2001 a 2004 e como vice-prefeito de 2005 a 2008, durante a administração do Prefeito Guerino Balestrassi, do PSB. Esse conhecimento profundo da máquina administrativa e da realidade municipal foi crucial para dar continuidade às ações bem-sucedidas e implementar inovações em meu primeiro mandato de 2009 a 2012.

Ademais, vale lembrar que esse período foi marcado por um contexto político bastante favorável. O governo federal, sob a liderança do presidente Lula, gozava de grande aprovação popular e oferecia aos municípios um suporte sem precedentes na história do país. Posso testemunhar isso pessoalmente, pois, como responsável pela captação de recursos federais desde 2001, frequentava Brasília com assiduidade. Jamais havíamos presenciado um governo federal com tamanha atenção ao movimento municipalista e preocupação com o pacto federativo.

Havia uma estrutura sólida de relacionamento com os municípios, liderada por Alexandre Padilha, então secretário de Assuntos Federativos e posteriormente Ministro da Saúde. Tivemos muitos encontros produtivos com a Confederação Nacional de Municípios (CNM), a Frente Nacional de Prefeitos (FNP) e a Associação Brasileira de Municípios (ABM), nos quais as pautas eram respondidas e os ministros ofereciam retornos concretos às demandas apresentadas.

Em um momento crucial para minha gestão municipal, obtivemos um apoio inestimável que transcendeu o mero aporte financeiro. O respaldo institucional foi fundamental para a implementação de programas, obras e investimentos em nossa cidade. Tudo isso se somou para culminar naquela vitória tão expressiva nas eleições de 2012. Contudo, em meio a esses acontecimentos positivos na administração, outro processo, de perseguição política, começou a se organizar contra mim e contra nossa administração.

A raiz dessa perseguição remonta a 2008, quando ocorreu um racha no grupo que administrava a prefeitura de Colatina, uma coligação entre PSB e PT. Na época, o prefeito Guerino Balestrassi era do PSB e eu, o vice, do PT. O PSB, em sua convenção municipal, decidiu apoiar o deputado estadual Paulo Foletto para a eleição de 2008, mas o então prefeito discordou, argumentando ser mais importante para o município que ele continuasse seu mandato de Deputado. O prefeito decidiu, então, não apoiar o deputado Paulo Foletto, contrariando a decisão do PSB.

Nesse racha, o PSB manteve a candidatura do deputado Paulo Foletto, enquanto o prefeito decidiu apoiar nossa candidatura, se afastando do PSB. Guerino Balestrassi gozava de alta aprovação, e seu apoio foi fundamental para tornar nossa campanha competitiva. Mesmo com o deputado tendo todas as vantagens eleitorais – ele iniciou a campanha com mais de 50% das intenções de voto, contra meus 3% – e o apoio do staff do secretariado estadual e do governador da época.

Fizemos uma campanha sólida, mostrando os resultados de nossos dois mandatos anteriores, e eu venci a eleição, derrotando Paulo Foletto, candidato do PSB. A partir daí, o deputado me considerou um inimigo, não mais um adversário político. Com a influência de seu mandato, inclusive junto ao então senador Renato Casagrande, do PSB, que se elegeu governador em 2010, iniciou-se em 2011 um processo de perseguição que, embora tivesse origem em disputas políticas locais, envolveu a participação direta do Deputado Federal Paulo Foletto, do Deputado Estadual Josias da Vitória, do PDT (seu aliado e que viria a ser candidato a prefeito em 2012), dos vereadores do PSB e seus aliados na Câmara Municipal, e de parcela do Governo do Estado, inclusive o Governador Renato Casagrande, correligionário e amigo do Deputado Foletto.

Esse grupo começou a produzir uma série de denúncias, que eram veiculadas na Câmara Federal, na Assembleia Legislativa, na Câmara de Vereadores, e na mídia local e estadual. A articulação para me perseguir e destruir envolveu também um Delegado da Polícia Civil, Landulfo Lintz, membro da Comissão Executiva Municipal do PSB; um Procurador do Ministério Público Federal em Colatina, Dr. José Nilson de Lírio (cunhado de Jonas Cogo, principal assessor político do Deputado Paulo Foletto); a diretoria do sindicato de servidores públicos de Colatina – SISPMC; a direção municipal do PSOL, cujo presidente, Décio Alves de Rezende, foi candidato a prefeito em 2008; e membros do Ministério Público Estadual e do Poder Judiciário que estavam alinhados com esses grupos da cidade.

A primeira trama planejada começou em 2011, tendo como alvo a Secretaria de Assistência Social e Habitação, pois nessa área havíamos conquistado resultados excelentes, além de ter como titular da Secretaria Maria Júlia Rosa Chaves Deptulski, minha esposa. Para repercutir as denúncias, foi criado um blog mantido pelo Coronel Luiz Carlos da Silva, da reserva da PM, antigo militante do PSB, que residia em Vitória e se mudou para Colatina nessa época. O alvo das denúncias era a Secretária de Assistência Social, acusando supostas irregularidades nos convênios entre a Prefeitura e a Associação das Damas de Caridade de Colatina, entidade sem fins lucrativos com mais de 50 anos de atividade, que mantinha uma creche filantrópica no município e executava serviços sociais em parceria com a Prefeitura.

É importante informar que Júlia já era Secretária de Assistência Social no mandato anterior, do Prefeito Guerino Balestrassi. Ela é advogada e militante da área de assistência social, foi Secretária Adjunta de Assistência Social da Prefeitura de Santo André/SP, foi Vice-Presidente do CONANDA (Conselho Nacional dos Direitos da Criança e do Adolescente) e fez parte da diretoria do CONGEMAS (Colegiado Nacional de Gestores Municipais de Assistência Social). Sua atuação junto ao governo federal permitiu que trouxéssemos muitos recursos para o município.

Nas denúncias divulgadas, o blog do Coronel Luiz Carlos trazia informações financeiras dos convênios que eram de caráter restrito à administração e à entidade, mas que eram fornecidas, de forma irregular, por Gabriela da Silva, funcionária da Associação das Damas de Caridade, na função de coordenadora da área administrativa e financeira. Gabriela era responsável pelos pagamentos e, em depoimento posterior na justiça, afirmou que a Diretoria da Associação lhe confiava cheques assinados em branco para os pagamentos. Essas informações fornecidas por Gabriela ao Coronel Luiz Carlos, publicadas no blog e repercutidas na mídia, revelam uma relação suspeita entre eles, com indícios de suborno.

Considerando que vários documentos relativos às denúncias feitas pelo blog foram encaminhados ao Ministério Público Estadual por um Procurador do Ministério Público Federal, Dr. José Nilson de Lírio, cunhado de Jonas Cogo, principal assessor do Deputado Foleto, é evidente a existência de uma conspiração. Os documentos, aos quais somente Gabriela tinha acesso, foram protocolados no Ministério Público

Estadual pelo Procurador Federal, acompanhados de uma suposta denúncia anônima.

É importante registrar que a Prefeitura mantinha convênios da assistência social com mais 19 entidades, além da Associação das Damas de Caridade, e em nenhum desses convênios houve problemas. Esses acordos faziam parte do funcionamento da rede de proteção social, atendendo diversas demandas setoriais, como idosos, portadores de deficiência, cegos, crianças e adolescentes, mulheres vítimas de violência, jornada ampliada, liberdade assistida, entre outros.

No dia 25 de abril de 2012, Gabriela da Silva prestou depoimento ao Ministério Público Estadual, relatando os acontecimentos na administração da entidade, todos executados por ela com absoluta autonomia, e que vinham sendo divulgados como denúncias no blog do Coronel Luiz Carlos e repercutidos por diversos meios. Entre esses fatos, denunciou a existência de RPA's (Recibos de Pagamentos a Autônomos) falsificados e depósitos em contas de particulares, entre eles da Secretária de Assistência Social, Júlia, e da sogra da Presidente da entidade, Lenise Lilia Tozzi Fachetti.

O cheque depositado na conta da Secretária Júlia, a que Gabriela se referia, era um cheque da Associação das Damas de Caridade, no valor de R$1.800,00, de nº 851.316, conta 24.136-9, do Banco do Brasil - Agência 0112-Colatina/ES, nominal a Cintya Helena da Silva de Moraes, também funcionária da Associação. O cheque foi endossado por Cintya e depositado no caixa eletrônico na conta de Júlia em 22/09/2011. Cintya trabalhava junto com Gabriela na área administrativa e financeira da Associação. Não há no processo qualquer prova de ligação desse cheque com os RPA's falsificados nem a comprovação de que Júlia tinha conhecimento dele. No entanto, esse cheque foi a única prova material utilizada pelo Ministério Público para incriminar Júlia, resultando em uma denúncia penal que culminou em sua condenação a uma pena de 7 anos e 6 meses de reclusão em regime semi-aberto, uma ação civil de improbidade administrativa, atualmente tramitando no Tribunal de Justiça do ES, e uma representação ao Tribunal de Contas do Espírito Santo, que foi analisada e arquivada sem condenação.

É importante frisar que a data desse depósito coincide com o início das denúncias no blog do Coronel Luiz Carlos e sua divulgação massiva.

O Procedimento Investigativo Criminal nº 01/2012, denominado "Operação Jogo de Damas", até então sob sigilo, teve continuidade com vários depoimentos, além da quebra de sigilo fiscal e telefônico. Já estávamos em plena campanha eleitoral. As escutas telefônicas, feitas pela Secretaria de Segurança do Estado através do sistema Guardião, frequentemente vazavam para nossos adversários (Deputado Estadual Josias da Vitória, do PDT, candidato a prefeito, apoiado pelo Deputado Federal Foleto). Em comícios e reuniões, eles anunciavam que haveria, em breve, a prisão da esposa do prefeito e da presidente da Associação das Damas de Caridade. A duração da investigação pelo MP coincidiu com a campanha eleitoral, sendo concluída em 04 de setembro de 2012, faltando 30 dias para a eleição.

O *lawfare* na Operação Jogo de Damas se evidencia em dez pontos, que tornam claro seu objetivo de perseguir e aniquilar um inimigo político:

1. Evidências de Suborno de Gabriela da Silva: Embora Gabriela tenha confessado os crimes em seus depoimentos à justiça, ela não foi investigada. Apenas a quebra de sigilo fiscal e telefônico de Gabriela poderia desvendar o que houve entre ela, o Coronel Luiz Carlos, e os Deputados Foleto e Da Vitória, para quem o Coronel trabalhava. Suborno é crime. Em vez disso, Gabriela foi inocentada pelo juiz, a pedido do MP, e transformada em informante pelo Ministério Público. Passou de executora dos RPA's falsificados a testemunha protegida pela justiça.

2. Depósito Planejado do Cheque de R$1.800,00: O depósito do cheque de R$1.800,00 na conta corrente da Secretária Júlia, em setembro de 2011, foi um ato planejado, revelando que ela era o alvo da trama. O objetivo era produzir uma suposta prova contra Júlia, usada pelo MP na denúncia e pelo judiciário na condenação, mesmo sem comprovação de que Júlia tinha conhecimento do depósito ou de vinculação do cheque com qualquer fato criminoso.

3. Subterfúgio da Denúncia Anônima ao MPF: O encaminhamento da denúncia anônima ao Ministério Público Federal foi planejado, pois lá

trabalhava o Procurador Federal José Nilson de Lírio, cunhado de Jonas Cogo, principal assessor do Deputado Paulo Foleto. O Procurador protocolou a denúncia no Ministério Público Estadual, buscando esconder a verdadeira origem da trama, que eram os Deputados Foleto e Da Vitória.

4. Timing Estratégico das Denúncias: O tempo escolhido pelos Deputados para protocolar a denúncia (início de 2012) criou as condições para o MP iniciar as investigações, concluídas em 4 de setembro, coincidindo com a campanha eleitoral.

5. Vazamentos Seletivos das Escutas Telefônicas: As escutas telefônicas realizadas pela Secretaria de Segurança Pública do Estado vazavam seletivamente e eram divulgadas nos comícios e reuniões do candidato Da Vitória. O governador Renato Casagrande, correligionário e aliado declarado do candidato a prefeito e de Paulo Foleto, seu principal apoiador, estava envolvido.

6. Seletividade das Denúncias: A vice-presidente da Associação das Damas de Caridade, Arly Teixeira Dalapícola, não foi intimada para depor e não foi incluída na denúncia do MP, apesar de ter participação direta e idêntica à Presidente da entidade, Lenise Lilia Tozzo Fachetti. A razão dessa exclusão está nas fortes ligações políticas de Arly Teixeira com o Deputado Paulo Foleto e com o Governador Renato Casagrande. Prova disso foi a nomeação de sua filha, Flavia Mignone, para ocupar a Secretaria de Comunicação do Governo do Estado, a partir de 2010, quando Renato Casagrande se elegeu governador.

7. Relatório de Missão nº 157/2012 - SAT: O relatório de transcrição das escutas telefônicas realizadas pela Secretaria de Segurança Pública do Governo do Estado, em junho de 2012, tinha carimbo de RESERVADO e era assinado por códigos (XX04X14XX). Conforme a informação de rodapé, o sigilo da assinatura estava respaldado no Art. 63 do Decreto Federal nº 4553 de dezembro de 2002. Porém, essa informação era falsa, pois o Decreto 4553 "dispõe sobre a salvaguarda

de dados, informações, documentos e materiais sigilosos de interesse da sociedade e do Estado, no âmbito da Administração Pública Federal", não se aplicando à administração estadual. Mais grave ainda, esse Decreto foi revogado pelo Decreto 7.845, de 14 de novembro de 2012, antes da denúncia protocolada pelo Ministério Público, em fevereiro de 2013.

8. **Rápida Decisão Judicial:** A denúncia do MP foi protocolada em 21 de fevereiro de 2013. Em 25 de fevereiro de 2013, quatro dias depois, o juiz já tinha a decisão pronta. Recebeu a denúncia, acatando a maioria dos pedidos do MP antes mesmo da defesa prévia dos acusados, para a qual deu prazo de 10 dias para apresentação. Nessa decisão, o juiz determinou o afastamento de suas funções da Secretária Júlia e da Presidente da Associação das Damas, Lenise Lilia Tozzi Fachetti. Determinou o arquivamento parcial do procedimento investigativo criminal contra vários envolvidos na emissão dos RPA's falsificados, incluindo Gabriela da Silva, executora de todos eles. Obrigou todos os acusados a comparecer em juízo a cada dois meses e proibiu Júlia e Lenise de ingressar em qualquer prédio onde funcionasse órgão do poder executivo municipal e nas dependências da Associação das Damas de Caridade de Colatina. Proibiu todos os acusados de manter contato, direto ou indireto, com as testemunhas, entre elas Gabriela da Silva. Considerando a complexidade do processo, com mais de 500 páginas de documentos, depoimentos e prestações de contas de convênios, quatro dias é um prazo muito curto para a decisão publicada, levantando dúvidas sobre a parcialidade do juiz e seu prévio conhecimento do processo. A sentença condenatória de primeira instância foi publicada em 21 de julho de 2017, quatro anos depois. Nesses longos quatro anos, prevaleceu essa condenação prévia, suficiente para aniquilar qualquer pessoa e destruir sua vida pública.

9. **Caráter Político do Julgamento:** Em 21 de agosto de 2019, o Desembargador relator Wiliam Silva, do TJES, determinou o início do cumprimento das penas, mesmo sem que o processo tenha transitado em julgado, com base no novo entendimento do STF à época, de prisão após julgamento em segunda instância (época da prisão do Lula). Outro

fato estranho é que, no dia 22 de agosto de 2019, um dia depois da determinação do Desembargador, o Procurador de Justiça protocolou um pedido de expedição de mandado de prisão, que já havia sido feito no dia anterior pelo Desembargador.

10. **Participação Sistemática da Mídia:** A mídia desempenhou um papel perverso em todas as fases do processo, disseminando notícias falsas, versões superficiais e sem fundamento, expondo e ridicularizando os envolvidos. No dia 21 de fevereiro de 2013, quando a denúncia foi protocolada, os Promotores Públicos convocaram a imprensa, transformando a situação em um espetáculo. A partir daí, todas as movimentações do processo eram previamente comunicadas à imprensa, resultando em um massacre midiático.

Análise Crítica e sintética destes Eventos e Evidências

1. Evidências de Suborno de Gabriela da Silva:

- *Ponto Central*: Gabriela confessou crimes mas não foi investigada, sendo inocentada e transformada em informante pelo Ministério Público (MP).
- *Implicações*: A falta de investigação e a conversão em testemunha sugerem possíveis acordos obscuros entre Gabriela, Coronel Luiz Carlos, e os Deputados Foleto e Da Vitória. A ausência de uma quebra de sigilo fiscal e telefônico impede a completa elucidação do caso.

2. Depósito Planejado do Cheque de R$1.800,00:

- *Ponto Central*: Depósito na conta de Júlia foi planejado para incriminá-la sem que houvesse comprovação de seu conhecimento ou vínculo com o crime.
- *Implicações*: A utilização de uma prova fabricada indica uma armação para prejudicar Júlia, destacando a manipulação de evidências pelo MP e o judiciário.

3. Subterfúgio da Denúncia Anônima ao MPF:

- *Ponto Central*: Denúncia anônima foi encaminhada estrategicamente ao MPF devido à ligação do Procurador Federal com assessores dos Deputados envolvidos.
- *Implicações*: O processo de denúncia sugere um encobrimento das verdadeiras origens, visando proteger os Deputados Foleto e Da Vitória, com envolvimento direto do MPF.

4. Timing Estratégico das Denúncias:

- *Ponto Central*: A denúncia foi feita em um momento que coincidia com a campanha eleitoral, favorecendo investigações contra adversários políticos.
- *Implicações*: A sincronização das denúncias com o período eleitoral aponta para o uso das investigações como ferramenta política para influenciar os resultados das eleições.

5. Vazamentos Seletivos das Escutas Telefônicas:

- *Ponto Central*: Escutas telefônicas vazavam seletivamente para beneficiar o candidato Da Vitória, aliado de Renato Casagrande.
- *Implicações*: A divulgação seletiva das escutas indica conluio entre o governo estadual e a candidatura de Da Vitória, comprometendo a integridade das eleições e das investigações.

6. Seletividade das Denúncias:

- *Ponto Central*: Arly Teixeira Dalapícola não foi investigada ou incluída na denúncia devido a suas conexões políticas.
- *Implicações*: A exclusão de Arly da investigação e a nomeação de sua filha para um cargo no governo demonstram favoritismo e proteção política, questionando a imparcialidade do MP.

7. Relatório de Missão nº 157/2012 - SAT:

- *Ponto Central*: Relatório sigiloso foi falsamente respaldado em decreto inaplicável e já revogado.
- *Implicações*: O uso de documentos falsos para justificar sigilo revela manipulação e desrespeito às normas legais, comprometendo a legitimidade das investigações.

8. Rápida Decisão Judicial:

- *Ponto Central*: A decisão judicial foi extremamente rápida, sugerindo prévio conhecimento e parcialidade do juiz.
- *Implicações*: A rapidez na decisão, sem uma análise adequada dos documentos, levanta suspeitas de conluio entre o judiciário e o MP, comprometendo o direito à defesa justa.

9. Caráter Político do Julgamento:

- *Ponto Central*: Determinação de cumprimento de pena antes do trânsito em julgado, seguindo o novo entendimento do STF.
- *Implicações*: A aplicação imediata das penas reflete o uso político do judiciário, especialmente em contextos sensíveis como a prisão do Lula, demonstrando parcialidade e influência política nas decisões judiciais.

10. Participação Sistemática da Mídia:

- *Ponto Central*: A mídia desempenhou um papel crucial na disseminação de informações distorcidas, influenciando a opinião pública.
- *Implicações*: A colaboração entre promotores e mídia para transformar o processo em um espetáculo midiático compromete a ética jornalística e o direito à privacidade dos envolvidos, exacerbando o impacto das acusações.

Considerações:

As evidências e os eventos descritos indicam uma série de irregularidades e manipulações nos processos investigativos e judiciais, sugerindo uma forte influência política. A falta de investigação adequada, a seletividade nas denúncias e o uso estratégico das mídias e das decisões judiciais comprometem a integridade do sistema jurídico e a justiça para os acusados.

Após a eleição de 2012, com o massacre midiático dos vazamentos da investigação do MP, a vida mudou: vi-me assediado por uma série de processos judiciais, uma verdadeira cruzada de perseguição, onde o aparato do sistema de Justiça, lamentavelmente, serviu de ferramenta para adversários políticos. As denúncias brotavam do terreno político e do Ministério Público. O Promotor Marcelo Volpato, que mais tarde se revelou um bolsonarista, juntamente com o Juiz da Vara da Fazenda Pública, acatavam e transformavam em ações judiciais qualquer denúncia do sindicato de servidores, que cumpria um papel de oposição política, e dos vereadores do PSB e seus aliados. Assim, o sistema de justiça operava as ações.

Esse contexto criou um ambiente de constante vigilância e hostilidade, dificultando não apenas minha atuação política, mas também impactando a esfera pessoal e familiar. A perseguição incessante e os processos judiciais se tornaram ferramentas de desgaste, buscando minar minha credibilidade e desgastar minha imagem pública. Uma situação típica que reflete um uso distorcido do sistema de justiça para fins políticos, evidenciando a instrumentalização das instituições para eliminar adversários políticos, configurando um claro caso de *lawfare*.

A partir de 2013, durante o segundo mandato, a perseguição intensificou-se, com a atuação mais incisiva do Ministério Público, notadamente através do Promotor Marcelo Volpato. Este, mais tarde, revelou-se um ardoroso bolsonarista, chegando a fazer campanha em 2018 e participar da posse de Jair Bolsonaro. Paralelamente, o Judiciário, especialmente a Vara da Fazenda Pública, registrava nos processos um evidente ativismo judicial. Hoje, enfrento mais de cinquenta processos, a maioria por improbidade administrativa, nenhum deles resultando em condenação. Além disso, várias denúncias ao Tribunal de Contas do Estado culminaram em auditorias e tomadas de contas, também sem condenações — minhas contas foram aprovadas pelo Tribunal nos oito anos de mandato. Enfrento ainda alguns processos administrativos em Ministérios e Secretarias estaduais. Entre todos, destaco um que é emblemático para um caso de *lawfare*. Foi o único em que fui condenado, e também o mais absurdo, dada as ilegalidades cometidas pelos representantes do Ministério Público e do Poder Judiciário.

A Ação de Execução de Título Extrajudicial – Termo de Ajustamento de Conduta foi ajuizada pelo Ministério Público do Trabalho em 13 de outubro de 2006, relacionada à execução do Termo de Compromisso assinado em 20 de novembro de 1998 pelo então

Prefeito Dilo Binda. O acordo, firmado entre o Município de Colatina e o Ministério Público do Trabalho, estipulava regras para a contratação de servidores temporários (DT's) e estabelecia uma multa de R$ 5.000,00 para cada contratação temporária realizada a partir daquela data. Este Termo foi necessário porque Colatina havia optado pelo Regime Celetista (CLT) como regime jurídico único, após a promulgação da Constituição de 1988, o que fazia com que todas as demandas judiciais e trabalhistas fossem julgadas pela Justiça do Trabalho, com a participação do Ministério Público do Trabalho (MPT).

O mandato do Prefeito Dilo Binda encerrou-se em 2000 e, em 2001, assumiu o Prefeito Guerino Balestrassi, do PSB. Foi nesse ano que passei a integrar a administração municipal, ocupando o cargo de Secretário de Planejamento.

Como consequência do suposto descumprimento do Termo de Compromisso, em 25 de setembro de 2002, o MPT instaurou um Procedimento Preparatório de Inquérito Civil Público, discutido durante quatro anos em diversas audiências. Este procedimento culminou na Ação de Execução, ajuizada em 13 de outubro de 2006 pelo MPT, sob a alegação de descumprimento por parte do Município. Na ação, o MPT solicitou à Justiça que o Município fosse obrigado a pagar a multa estipulada no Termo, no valor de R$1.885.000,00 (um milhão, oitocentos e oitenta e cinco mil reais), decorrente da contratação de 377 servidores temporários entre 1999 e 2006, o que representa uma média de 48 servidores por ano. Considerando que a Prefeitura contava, à época, com cerca de 2.500 servidores, a contratação de 48 temporários por ano parecia razoável.

Em 2004, o prefeito Guerino Balestrassi foi reeleito, e eu integrei sua chapa como vice-prefeito. Em 2005, o Município aprovou a Lei Complementar nº 35, que instituiu o Regime Jurídico Estatutário para os servidores públicos municipais. Essa mudança significava que, a partir de 2005, os novos servidores contratados passaram a ser estatutários, enquanto os antigos continuavam sob o regime celetista. Tal situação desencadeou um debate jurídico sobre a competência para julgar as demandas do município: Justiça do Trabalho ou Justiça Comum. Devido a essa indefinição, o MPT prosseguiu com o Inquérito Civil Público, e em 2006 ajuizou a Ação de Execução mencionada anteriormente.

O município entrou com recurso em 2006, e a discussão na Justiça do Trabalho se estendeu até 12 de março de 2010. Naquela data, o Juiz do Trabalho declarou a incompetência da Justiça do Trabalho para continuar julgando a ação, com base nos entendimentos firmados pelo STF e pelo TST, que determinavam que municípios que aprovaram leis instituindo o regime estatutário passariam a ser julgados pela Justiça Comum. O juiz, então, ordenou a remessa dos autos para a Justiça Estadual, decisão com a qual o MPT concordou. Em 21 de junho de 2010, a discussão sobre a execução foi retomada, agora na Justiça Estadual.

Em 10 de maio de 2012, o Promotor Bruno Simões Noya de Oliveira solicitou o prosseguimento da execução, exigindo o pagamento da multa. Vale notar que se trata do mesmo promotor envolvido na Operação Jogo de Damas e que, nesse período, estávamos em plena campanha eleitoral de 2012.

A discussão prosseguiu com várias audiências, nas quais o Ministério Público trouxe novos fatos e reiterou o pedido de condenação do município. Diversos ofícios foram apresentados com o mesmo pedido: 24 de setembro de 2013, 26 de março de 2014, 18 de junho de 2014 e 16 de março de 2015.

Em 16 de junho de 2015, o Juiz Getter Lopes de Faria publicou sua decisão, transcrita abaixo. Nessa decisão, datada de 16 de julho de 2015, o juiz julgou sobre um ponto que não havia sido requerido nem discutido em 16 anos de processo: excluiu o Município do polo passivo e sugeriu ao Ministério Público que, "querendo, promova a citação do responsável pela obrigação, qualificando-o, a fim de possibilitar o prosseguimento regular do feito". Em resposta, no dia 30 de julho, o Promotor Marcelo Ferraz Volpato apresentou uma petição solicitando a citação do Prefeito de Colatina, Sr. Leonardo Deptulsky, indicando seu endereço: Avenida Ângelo Giuberti, nº 343, Bairro Esplanada, Colatina, CEP 29702-902.

A decisão do juiz e o requerimento do promotor são criminosos por várias razões:

1. Vinculação do Termo de Compromisso ao Município: O Termo de Compromisso é um instrumento assinado pelo Município, e este está vinculado a ele. Prova disso é que sua discussão jurídica abrangeu cinco

mandatos e três prefeitos. Dessa forma, e conforme a jurisprudência, o Município jamais poderia ser excluído do polo passivo.

2. **Responsabilidade pelo ressarcimento:** Se houver responsáveis por causar danos ao erário, cabe ao Município tomar as providências necessárias para identificar os responsáveis e garantir o ressarcimento dos valores devidos.

3. **Ato leviano e criminoso do Promotor:** O requerimento do promotor solicitando minha citação é leviano e criminoso, uma vez que o Termo de Compromisso foi assinado pelo Prefeito Dilo Binda em 1998, como consequência de denúncias de contratações temporárias realizadas durante sua gestão (1997-2000). Como o termo não possuía prazo de validade, ele se tornou "eterno". No entanto, a Ação de Execução data de 2006. Inclusive, o valor da multa, de R$1.885.000,00, refere-se aos 377 servidores que o Ministério Público identificou como contratados entre 1998 e 2006, período durante o qual o prefeito era Guerino Balestrassi. Toda a discussão feita a partir de 2006 baseou-se nesse valor e no que foi apurado durante esse período.

A exclusão do Município do polo passivo e a tentativa de me responsabilizar pessoalmente, ignorando a continuidade administrativa e a responsabilidade coletiva do ente municipal, representam uma flagrante injustiça e desrespeito às normas jurídicas.

Diante desses fatos, o promotor, sem qualquer fundamentação, pediu minha citação por pura perseguição. No entanto, não parou por aí. O juiz conduziu o processo de maneira autoritária e truculenta. Em 15 de fevereiro de 2016, ele publicou uma sentença afirmando que houve negligência de minha parte. Com essa decisão, fiquei impedido de recorrer às instâncias superiores.

Com o processo transitado em julgado, começou a busca pelo meu patrimônio, que se resumia à minha residência em Colatina, comprada através de financiamento da Caixa Econômica Federal em 1986. O juiz solicitou que o Oficial de Justiça avaliasse e penhorasse o imóvel. Após consultas, o cartório confirmou que aquele era meu único imóvel e que eu residia nele. O Oficial de Justiça, então, juntou ao processo uma certidão informando ao juiz que não efetuou a penhora por se tratar de bem de família.

Mesmo com a certidão, o juiz determinou o prosseguimento da avaliação e a penhora. O Oficial de Justiça avaliou o imóvel em R$500.000,00, enquanto um engenheiro avaliador credenciado pela Caixa Econômica Federal, contratado por mim, avaliou o imóvel em R$864.000,00. O juiz determinou que fosse iniciado o processo de leilão, com lance mínimo de 60% do valor avaliado.

O imóvel foi leiloado por R$253.000,00, valor inferior mesmo aos 60% definidos, e mesmo assim o leilão foi aprovado, inclusive pelo Ministério Público.

Minha citação e o trânsito em julgado do processo me condenaram ao pagamento de uma dívida que, a valores atuais, ultrapassa R$9.000.000,00 (valor resultante da multa inicial de R$1.885.000,00, calculada em 2006 e corrigida monetariamente). Além disso, minha residência foi leiloada. Estou impossibilitado de possuir veículo ou manter bens em meu nome e vivo com uma ordem de bloqueio em minha conta bancária, inclusive na conta salário.

O sistema judicial brasileiro, por vezes, parece parodiar os modus operandi de organizações criminosas: ao não conseguirem atingir o alvo principal, voltam-se para a perseguição de familiares. Esse ataque não só corroeu a estrutura de uma carreira política então promissora, mas também deixou marcas indeléveis na esfera pessoal. Minha esposa foi alvo da chamada "Operação Jogo de Damas" promovida pelo Ministério Público — um título sugestivo e revelador. Fui questionado sobre as injustas e, por vezes, levianas acusações dirigidas a ela e as reverberações nefastas sobre nossa família. Expliquei que o propósito inicial da operação era interferir no resultado das eleições de 2012. Não tendo logrado êxito, em fevereiro de 2013 o Ministério Público lançou duas ações — penal e de improbidade — ambas com questionáveis fundamentos legais e construídas sobre idênticas narrativas. Subsequentemente, a decisão do magistrado de primeiro grau culminou no afastamento dos implicados e no controverso bloqueio de bens num montante de R$ 2 milhões.

As supostas irregularidades se concentravam nas prestações de contas de uma entre mais de vinte entidades com as quais a prefeitura mantinha convênios. Essas instituições forneciam serviços essenciais no âmbito da assistência social — acolhimento de idosos, apoio a pessoas em situação de rua, programas de jornada ampliada nas escolas para crianças vulneráveis. A "Associação das Damas de Caridade", uma entidade sexagenária renomada e responsável por uma creche em um bairro carente, foi a única a ter sua conduta questionada, o que originou o nome "Operação Jogo de Damas".

Durante aquele período, uma significativa reformulação na legislação sobre a educação infantil abalou as estruturas das creches filantrópicas. As novas diretrizes da Lei de Diretrizes e Bases (LDB) exigiam mudanças tão substanciais que muitas entidades se viram incapazes de prosseguir com seus projetos educativos. Frente a essa conjuntura, os municípios intervieram para evitar a descontinuidade dos serviços, incorporando equipes profissionais para sustentar o atendimento adequado à educação infantil. A entidade em questão, detentora de seu próprio edifício, também se viu envolvida nesse contexto, assinando convênios para realizar trabalho de jornada ampliada e assistência a adolescentes em conflito com a lei.

Este cenário foi desestabilizado por uma denúncia muito suspeita e peculiar. Em 2011, Gabriela da Silva, responsável pela administração financeira da entidade, apresentou, de forma anônima, uma denúncia ao Ministério Público Federal. Curiosamente, um procurador federal, cunhado do assessor do deputado Paulo Foletto — derrotado nas eleições de 2008 —, tomou conhecimento dos alegados desmandos que ocorriam não no âmbito da prefeitura, mas dentro da própria entidade. A denúncia, detalhada sobre as supostas irregularidades e mencionando até mesmo um cheque específico depositado em 2011, foi levada a público e esteve nas mãos do Ministério Público Estadual.

A funcionária da entidade foi a primeira a ser inquirida pelas autoridades. Não posso afirmar categoricamente, dada a falta de provas e investigação subsequente, mas emerge a questão: o que motivaria alguém que se identificava como uma figura de confiança da diretoria, detentora de cheques assinados em branco para a quitação de compromissos financeiros, a procurar o Ministério Público e denunciar práticas que ela própria executava? Uma hipótese seria a influência externa, alguém que, por razões ainda desconhecidas, a impeliu a tomar tal atitude.

As irregularidades identificadas durante as investigações incluíam a emissão fraudulenta de recibos de pagamento a autônomos (RPAs), resultando na expedição de cheques sacados diretamente no caixa para despesas da entidade, totalizando R$ 55.000. Comparativamente, o montante parecia ínfimo diante dos quase R$ 6 milhões gerenciados em convênios pela Secretaria de Assistência Social. Buscando intensificar a gravidade das acusações, o Ministério Público agregou outras cifras, embora se tratasse de gastos não cobertos pelas cláusulas dos convênios e mais adequados ao contexto da improbidade administrativa do que ao campo penal. Assim, o valor final anunciado nas denúncias alcançou a cifra de R$ 500.000, embora apenas R$ 55.000 estivessem substanciados por documentos oriundos de uma entre as vinte entidades parceiras.

Os desdobramentos foram contundentes: ações penais, civis de improbidade e uma representação perante o Tribunal de Contas, onde um procurador, precipitadamente e sem um exame minucioso dos fatos, requereu a restituição integral dos fundos envolvidos nos convênios da Prefeitura de Colatina, num montante de R$ 6 milhões. Essa cifra foi amplamente divulgada pela imprensa, amplificando a tensão. O poder da mídia nessas narrativas controla e promove o impacto que sua cobertura gera na percepção pública. As redes sociais apenas reproduzem o que a mídia produziu originalmente, de forma direta e irrefletida, ampliando ainda mais a repercussão negativa.

Aqueles contundentes 64% de sufrágio popular, que outrora demonstraram uma robusta aprovação, desintegraram-se ao sabor do vendaval midiático. Uma intensa campanha jornalística, municiada pelas afirmações do Ministério Público, propagou a alegação de um desvio de R$ 6 milhões dos convênios da Prefeitura de Colatina. Esse turbilhão de notícias precipitou uma condenação precipitada do público — a reputação da prefeitura e a minha se desmancharam no ar antes mesmo de quaisquer conclusões formais serem alcançadas pelos órgãos competentes.

Os litígios avolumaram-se exponencialmente, iniciados por uma ação penal que, até o presente ano de 2024, ainda não se concluiu — já somam doze anos nesse impasse processual. Concomitantemente, o Tribunal de Contas, após anos sem evidências suficientes das irregularidades sugeridas pelo Ministério Público, optou pelo arquivamento do caso em 2022.

Emerge daí a observação de que há uma profusão de instâncias e procedimentos investigativos sobrepostos, cada um operando de modo isolado e alcançando conclusões divergentes. Isso lança o cidadão num labirinto onde a defesa se torna um desafio lúdico e incessante.

Destaco outros processos, entre os muitos que me foram imputados. Em 2013, por exemplo, durante uma temporada de chuvas intensas que resultaram em tragédias naturais e deslizamentos fatais, especialmente no bairro São Marcos, onde perdemos sete vidas, a busca por recursos tornou-se imperiosa. As obras de contenção demandavam investimentos superiores a R$ 50 milhões, um valor que excedia em muito o orçamento municipal anual destinado a investimentos.

O Ministério Público instigou ações civis públicas para cada incidente de deslizamento, pressionando a Prefeitura a responsabilizar-se pelas obras. Sem os recursos necessários e diante das liminares judiciais que exigiam ações impraticáveis, enfrentamos acusações de desobediência a ordens judiciais. Isso motivou o juiz a solicitar à Câmara de Vereadores a instauração de uma CPI e ao Procurador Geral um exame de possíveis intervenções estaduais na administração municipal.

Simultaneamente, tivemos que arcar com o fardo de abrigar e socorrer centenas de famílias desalojadas, oferecendo-lhes auxílio por meio do aluguel social.

Outro procedimento exasperante refere-se à citada execução de um Termo de Ajuste de Conduta (TAC) oriundo de 1999, firmado por uma gestão pretérita em que eu sequer participava. O TAC abordava a imposição de multas devido a irregularidades na contratação de servidores temporários – os chamados DTs. Esses servidores são de vital importância, sobretudo em setores críticos como a educação. Professores efetivos, que se afastam por razões diversas como licenças médicas ou maternidade, demandam substitutos temporários para assegurar a continuidade do processo educacional.

A ausência de justificativa para designar outro servidor efetivo àquela cátedra específica, dada a temporariedade do afastamento do titular, culminou em um cenário onde a Justiça exercia uma incansável pressão para eliminar as contratações por designação temporária em qualquer seara da administração. Conforme o TAC firmado anteriormente, uma penalidade pecuniária foi estipulada: R$ 5.000 por cada contratação realizada sob essas circunstâncias. O prefeito daquele tempo ratificou o acordo, uma decisão cuja repercussão, sob a lógica subsequente, não deveria estender-se indefinidamente. No entanto, mesmo não ostentando o cargo de prefeito, mas de vice, no ano de 2006, tornei-me alvo da execução desse ajuste.

Uma década depois, em 2016, um juiz orientou o promotor a me incluir como corresponsável pelas infrações e a excluir o município da obrigação legal. Seguindo essa sugestão, o promotor me tornou o único réu em uma causa cuja dívida já alcançava a cifra exorbitante de 5 bilhões de reais. Essa multa, no entanto, estava relacionada a contratações regulares, comprovadamente remuneradas pela folha de pagamento, e não a atos ilícitos de corrupção.

Em meio ao turbilhão processual, a justiça ordenou a penhora do meu único bem imobiliário, uma medida que contrariava a própria lei que garante a inviolabilidade do lar. O oficial de justiça reconheceu essa proteção legal, não efetuando a penhora ao constatar que o imóvel era minha residência única, e, portanto, protegido por preceitos de ordem pública.

Apesar da proteção legal, o juiz insistiu na avaliação patrimonial. Minha casa, inicialmente avaliada em R$ 500.000 pelo oficial, foi reavaliada por um perito em R$ 840.000. Em total desacordo com os valores de mercado, ela foi leiloada por apenas R$ 260.000 – meros dez mil reais acima do limite mínimo permitido, resultando na perda irreparável do meu lar.

A dívida associada a esse calvário judicial ultrapassa os R$ 8 milhões, uma cifra que inviabilizou meu acesso ao crédito bancário, à possibilidade de ter um cartão de crédito ou mesmo um veículo em meu nome. Qualquer tentativa de construir um patrimônio está fadada ao fracasso, pois as leis permitem o confisco e a penhora de bens sem hesitação. Diante desse cenário, meu cotidiano financeiro se tornou um regime de absoluta economia, desprovido das conveniências creditícias que muitos consideram essenciais. Sem contar a asfixiante cascata de litígios que se perpetuam.

Além dos três processos que destaquei, fui alvo de mais de 50 ações e inúmeras outras investigações do Ministério Público e procedimentos administrativos de órgãos fiscalizadores, como a

Controladoria-Geral da União e o Tribunal de Contas. O fardo desses procedimentos foi tão intenso que cheguei a um ponto em que a carga processual me impedia de gerir adequadamente as estratégias defensivas. Eu me via obrigado a criar listas de verificação semanais, apenas para acompanhar os prazos processuais e as demandas de defesa que se acumulavam. A situação financeira, já debilitada, me impedia de arcar com os custos de advogados.

Eis que surge, antieclidiana, a esperança

Tudo isso causou um abalo incomensurável, mas a influência da rede "*Lawfare* Nunca Mais" foi crucial para reacender minha compreensão e esperança. Através dela, pude enxergar a interligação dos processos que enfrentava sob a ótica mais ampla do *lawfare*, uma realidade que antes parecia distante, especialmente para quem não possui conhecimento jurídico profundo. Fortalecer essa rede é um dos meus objetivos, não apenas como uma voz relatando os percalços pessoais, mas como um participante ativo na ajuda a outros que se veem sozinhos nesse combate contra injustiças.

Essa sensação de isolamento é acompanhada também pela privação das condições necessárias para uma defesa adequada. A justiça impõe custos elevados – honorários advocatícios, custas processuais – e em certos casos, se a acusação de calúnia não for reconhecida pelo judiciário, ainda se pode ser condenado a arcar com os custos da parte acusadora.

Refletindo sobre o sistema jurídico brasileiro, um ponto problemático que identifico é o papel investigativo exercido pelo Ministério Público. A Constituição de 1988 não prevê que este órgão desempenhe funções investigativas; sua competência primordial deveria ser a fiscalização do trabalho das polícias judiciárias – Polícia Civil e Polícia Federal – assegurando que os processos investigatórios respeitem as garantias individuais e o devido processo legal. O Promotor de Justiça, por definição, deve promover a justiça, possuindo inclusive a prerrogativa de não denunciar, caso entenda que a investigação tenha violado tais direitos. Quando o Ministério Público investiga, tende a ácreditar na infalibilidade de seu trabalho investigativo, buscando convencer o juízo da correção de suas conclusões, o que compromete a imparcialidade do processo de acusação e julgamento.

A questão que enfrentamos é de extrema relevância e requer uma abordagem sistemática e bem embasada legalmente. No âmbito congressual, é urgente reacender o debate sobre a função investigativa exercida pelo Ministério Público, sobretudo considerando a ausência de suporte legislativo que legitime tal atribuição – um respaldo que foi concedido por interpretação do Supremo Tribunal Federal (STF), mas que é passível de reanálise.

Ademais, os Ministérios Públicos estaduais merecem uma investigação criteriosa, principalmente quando influenciados pelo jogo político local. A nomeação do Procurador-Geral de Justiça pelo governador, ainda que baseada em uma lista tríplice, suscita reflexões sobre a imparcialidade, dado que a escolha nem sempre recai sobre o mais votado e o financiamento do MP provém do próprio executivo estadual.

Em paralelo, a situação dos prefeitos merece consideração, pois frequentemente se encontram em posições desfavoráveis neste xadrez político. Cabe ao governador o direcionamento de recursos para o Tribunal de Justiça e a nomeação de Conselheiros do Tribunal de Contas – figuras que têm o poder de fiscalizar as gestões municipais. Muitas vezes, essa fiscalização é realizada com lentes parciais, agravadas pelo antagonismo político.

Ao discutirmos o *lawfare* em seu sentido mais amplo, relacionado à geopolítica e aos embates entre nações, não podemos negligenciar o exame dos mecanismos de operação do sistema de justiça doméstico, que às vezes espelham essas grandes narrativas. Embora o termo "lavajatismo" tenha se popularizado após a famigerada operação, os modos operandi que denuncia remontam a acontecimentos anteriores, como o Mensalão e a CPI do Banestado. Nesses marcos, figuras como Sérgio Moro começaram a ganhar proeminência e a estabelecer práticas que claramente ultrapassaram os limites da legalidade e da ética.

Confrontados com essa realidade, torna-se essencial persistir na luta por um judiciário que honre os princípios de equidade e justiça, que esteja a serviço da verdade e não de agendas políticas, e que se solidifique como pilar inabalável do Estado Democrático de Direito.

Minha análise aponta para dimensões que vão além dos confrontos jurídicos e adentram os corredores do próprio sistema de justiça. A reflexão sobre a narrativa de "*lawfare*" sugere que, para enfrentar tais desafios, é crucial considerar as vias de acesso a esse sistema.

O requisito legal de experiência mínima de três anos para que um advogado possa assumir o papel de promotor foi diluído ao se aceitar tempo de estudo como substitutivo. Dado o custo elevado dos preparatórios para concursos do Ministério Público, essa alteração beneficia desproporcionalmente a elite econômica, contribuindo para uma homogeneidade elitista no MP. Esse fenômeno pode estar parcialmente na raiz de práticas judiciais abusivas, como as observadas em Curitiba.

Pedro Serrano, uma voz conhecida nesta discussão, alerta que a figura do "Dallagnol" não é única; existem muitos promotores que replicam um modus operandi similar, marcado por um antagonismo à política. Isso gera um clima de temor que afasta cidadãos capazes e íntegros do serviço público, comprometendo a saúde da democracia. Essa realidade não é uma questão de episódios isolados; faz parte de uma narrativa mais abrangente, uma cultura jurídica que se estabeleceu e que requer uma desconstrução meticulosa.

A judicialização da política, com todas as suas facetas deletérias, é uma preocupação crescente, não apenas no Brasil, mas internacionalmente, como ficou exposto em eventos recentes em Portugal.

No que toca à mobilização partidária nessa luta contra o *lawfare*, reconhecemos que há um desafio significativo. A composição atual do Congresso Nacional brasileiro não parece propícia para dialogar sobre estas questões, uma vez que as direções majoritárias não demonstram abertura para esse debate. Contudo, alguns partidos já têm reconhecido a gravidade do problema e, com união e colaboração, é possível fomentar uma campanha educativa, propor legislações e políticas de reforma, e assim trabalhar na prevenção e neutralização do uso indevido do sistema jurídico.

Portanto, deve-se ampliar o escopo da discussão para a esfera política e envolver cidadãos, partidos, e a sociedade civil na articulação de um movimento que promova a justiça verdadeira e a integridade dos processos judiciais e democráticos.

Em consonância com a Rede "*Lawfare* Nunca Mais", inspirada apropriadamente no "Brasil Nunca Mais", é necessário estimular o desejo de fomentar um ambiente de resistência e esclarecimento. É essencial expor as mazelas do sistema de justiça e demonstrar como isso pode afetar qualquer cidadão, desmistificando a errônea percepção de que tais adversidades são distantes da realidade de muitos.

A importância deste livro, assim como o apoio de editoras e outros aliados do movimento, não pode ser subestimada. Esses esforços devem se estender para todos os estados, incentivando organismos como a OAB a revisitar e debater as questões locais de justiça.

Ademais, propostas como a inclusão do *lawfare* no rol de crimes e no currículo dos cursos de direito, além da ampla divulgação e aplicação da lei de abuso de autoridade, são passos concretos para promover mudanças substanciais. Só assim poderemos aspirar a um sistema de justiça que genuinamente promova justiça, e não o contrário.

Na minha batalha pessoal, percebi a vulnerabilidade dos advogados e a consequente necessidade de fortalecer sua posição para que possam, com segurança, questionar práticas injustas dentro do sistema de justiça. A construção de redes de apoio fortes, capazes de reunir e dar voz às vítimas, é imperativa para que possamos combater individual e coletivamente o abuso de autoridade e práticas jurídicas coercitivas.

Minha disposição de colaborar com este movimento, com a *Rede Lawfare Nunca Mais*, é movida por um profundo sentimento de solidariedade e esperança. Reforçar o espírito solidário e comunitário necessário para alterar a realidade presente é algo que me inspira e me emociona profundamente. Este movimento é admirável e revigora o ânimo de todos na luta por reformas que façam nossa justiça mais se aproxime do que é justo.

LUIZ PHILIPPE TORELLY

Foto: Reprodução/YouTube/CanalGov

Isabel:

Luiz Philippe Torelly, aos 69 anos, ostenta uma trajetória profissional notável. Arquiteto de formação, Torelly é também um especialista renomado nas áreas de habitação, planejamento urbano, preservação do patrimônio cultural e finanças públicas. Sua carreira é marcada por significativas contribuições ao desenvolvimento urbano e à preservação cultural.

Em sua vasta experiência, Torelly desempenhou o papel de presidente do Sindicato dos Arquitetos do Distrito Federal, destacando-se no cenário da arquitetura e urbanismo. Sua liderança também se estendeu ao Instituto de Planejamento Territorial e Urbano do Distrito Federal, onde atuou como diretor-presidente, responsável por significativas decisões no planejamento urbano da região.

No âmbito do governo do Distrito Federal, Torelly exerceu o cargo de Secretário de Habitação e Desenvolvimento Urbano, posição na qual implementou importantes políticas públicas voltadas ao bem-estar habitacional e ao ordenamento territorial. Sua expertise e dedicação também o levaram à direção do Instituto do Patrimônio Histórico e Artístico Nacional (IPHAN), instituição na qual serviu por duas ocasiões. Nessa função, foi um dos criadores do Centro Lúcio Costa e Coordenador da candidatura do Cais do Valongo à Patrimônio Mundial, fundamental para a memória da diáspora africana nas Américas.

Além de suas funções executivas e de liderança, Torelly foi professor universitário, compartilhando seu conhecimento e experiência com as novas gerações de arquitetos e urbanistas. Sua influência se estende ao cenário internacional, como membro do Comitê Memória do Mundo da UNESCO, onde contribui para a conservação do patrimônio documental de significado global.

Torelly, portanto, é figura proeminente no campo da arquitetura, planejamento urbano e preservação cultural, cuja carreira testemunha seu comprometimento com a melhoria do ambiente construído e a salvaguarda do patrimônio histórico.

Durante os 29 anos em que prestou serviços à Caixa Econômica Federal, ocupou uma série de posições de alta gestão e relevância institucional. Iniciando sua jornada como chefe de setor e divisão, gerente nacional, escalou as fileiras da organização, desempenhando funções críticas como superintendente nacional e chefe de gabinete da presidência, oo que evidencia sua competência e versatilidade administrativa.

Além disso, sua expertise levou-o a ocupar o cargo de diretor do Banco Interamericano de Poupança e Empréstimo, bem como diretor geral da Caixa Participações. Já na Funcef, como Diretor de Participações Imobiliárias e Societárias, foi responsável por gerir as os investimentos imobiliários da Funcef, demonstrando não só sua capacidade de liderança, mas também sua profunda compreensão das nuances financeiras e de mercado que regem o setor imobiliário.

O ano de 2015 trouxe um reconhecimento especial à sua trajetória, ao ser nomeado Arquiteto do Ano na categoria Servidor Público pela Federação Nacional dos Arquitetos. Este prêmio ressalta não apenas a sua contribuição ao campo da arquitetura, mas também o impacto profundo de seu trabalho no setor público.

Além de sua premiação como Arquiteto do Ano, Torelly foi agraciado com uma Moção de Louvor na Câmara Legislativa do Distrito Federal. Tal homenagem foi concedida em reconhecimento a sua relevante contribuição para a história, cultura e educação do Distrito Federal, evidenciando sua influência abrangente e seu comprometimento com o engrandecimento social e cultural da região.

Torelly, portanto, é um profissional de destaque cuja carreira na Caixa Econômica Federal, acompanhada de honrarias e reconhecimentos significativos, reflete seu compromisso inabalável com a excelência, a inovação e o desenvolvimento sociocultural sustentável. Em 2022 diz ter se tornado aprendiz de escritor, tem muitos artigos, ensaios e participações em obras coletivas e três livros publicados: "Patrimônio Cultural, Desenvolvimento Sustentável", "Memória e Patrimônio: Crônica e Outros Escritos" e "O Mármore e a Murta: Antônio Vieira, Jesuítas Cativos e Bandeirantes no Século XVII".

Philippe Torelly, ao longo de sua carreira, tem contribuído para o avanço da arquitetura, do urbanismo e da preservação do patrimônio cultural. Contudo, sua passagem pela Secretaria de Habitação do Distrito Federal merece destaque especial, tendo sido um período emblemático que beneficiou inúmeras famílias candangas. Durante sua gestão, foram implementadas políticas habitacionais progressistas e estratégias de desenvolvimento urbano que visavam não apenas a melhoria da qualidade de vida, mas também o fortalecimento do tecido social e comunitário.

Torelly, um fervoroso defensor dos ideais de uma sociedade justa, igualitária e fraterna, também empresta seu talento e energia à esfera política, como membro ativo do Partido dos Trabalhadores (PT). Sua dedicação às causas sociais e sua luta incansável pela construção de um país mais equitativo corroboram seu compromisso com os valores da igualdade, da justiça social e da solidariedade.

A contribuição de Luiz Philippe Torelly à Secretaria de Habitação do DF e à vida política nacional atesta sua habilidade singular de conjugar a expertise técnica com um profundo senso de responsabilidade social. Ele se destaca como um cidadão exemplar, cuja vida e carreira representam um legado inspirador para todos aqueles que compartilham a visão de um futuro mais promissor, baseado no respeito mútuo e na cooperação para uma sociedade mais fraterna.

Sua contribuição transcende os limites profissionais, tocando a vida de muitos por meio de seu comprometimento inabalável com um Brasil mais justo e igualitário. Seu legado, sem dúvida, fortalece as bases para futuras gerações na busca pela realização da dignidade e da igualdade para todos.

Torelly:

Primeiramente é preciso dizer da relevância da *Rede Lawfare Nunca Mais* por tudo que tem realizado, seja no canal, seja em eventos públicos, seja em livros. Uma Rede que tem dado voz àqueles que seguidamente têm sido calados.

Dito isto, de mim digo que moro em Brasília desde 1960, quer dizer, sou um autêntico candango, cheguei com 5 anos de idade e tenho muito orgulho de poder dizer que me dediquei a trabalhar em prol das populações desassistidas aqui do Distrito Federal.

De fato, há mais de 40 anos trabalho com habitação de interesse social, e, graças à ação do Sindicato dos Arquitetos, do Instituto de Arquitetos do Brasil e outras instituições, nós conseguimos, por exemplo, fixar os acampamentos da Telebrasília e da Vila Planalto, campamentos pioneiros que durante muito tempo estiveram sob ameaça de remoção, o que em si representa uma verdadeira desgraça para os acampados.

Foi um trabalho que nos aproximou das lutas sociais em Brasília. Sou filiado, junto com outros colegas, ao Partido dos Trabalhadores desde 1982, ou seja, pouco depois da sua fundação. Nós sempre cerramos fileiras pela defesa da população de baixa renda, pelo seu acesso à habitação, que afinal é um direito fundamental.

Nos últimos tempos estamos assistindo em nosso país um aumento significativo da pobreza, isso se vê claramente nas ruas de Brasília, e é uma situação extremamente preocupante. É preciso ter políticas públicas para combater não só a pobreza, mas ter políticas para o emprego, para a saúde e para a habitação.

Pizzolato:
Torelly, sua menção ao histórico ligado aos fundos de pensão fez emergir uma reflexão relevante sobre as projeções de poder e as estratégias utilizadas em diferentes esferas da República Brasileira. A chamada "República de Curitiba", uma nomenclatura evocativa da histórica "República do Galeão", não se limitou geograficamente à sua origem. Através da implementação de uma espécie de "franquia judicial", este modelo se expandiu a outras regiões, como Brasília, com o Valliney, e o Rio de Janeiro, sob a figura do Bretas.

Essa expansão traduziu-se na exportação de um método específico que consiste em perseguir adversários políticos através de um conjunto de ações que inclui o uso instrumental da mídia e do sistema judicial. Essas ações, frequentemente ancoradas em acusações de corrupção injustificadas, revelaram-se mecanismos eficazes para alcançar objetivos cujas verdadeiras motivações tornam-se cada dia mais evidentes.

No que tange especificamente aos fundos de pensão, é importante enfatizar a magnitude dos recursos em jogo. Estamos falando, segundo dados recentes deste ano, de uma soma que ultrapassa 1,3 trilhões de reais. Esse montante, que representa mais de 11% do PIB do Brasil, origina-se das contribuições mensais dos trabalhadores, destinadas a assegurar seu bem-estar na terceira idade em um país marcado por significativas desigualdades e vulnerabilidades.

Após décadas de gestão questionável, que frequentemente evocavam preocupações sobre a utilização e os possíveis desvios desses recursos, os trabalhadores lograram um avanço significativo ao conseguir nomear representantes próprios nos conselhos dos fundos de pensão ou da Previdência, conforme apontam os especialistas no tema.

Contudo, com a eclosão da Operação Greenfield, um novo capítulo de confronto foi instaurado. Esta operação buscou envolver diretamente esses representantes dos trabalhadores, sob acusações que, a um exame mais atento, parecem construídas para legitimar a apropriação indevida de recursos e, consequentemente, imputar aos trabalhadores a responsabilidade por práticas de má gestão historicamente enraizadas.

As acusações formuladas dentro do contexto da Operação Greenfield contra os representantes dos trabalhadores nos fundos de pensão levantam a questão sobre o que realmente fundamenta essa articulação de *Lawfare*. É evidente que a manobra vai além de um simples embate judicial; trata-se de uma estratégia bem orquestrada que visa minar a influência e a capacidade de atuação desses representantes, em um claro atentado contra os direitos e garantias dos trabalhadores.

Quais foram as acusações lançadas contra os representantes dos trabalhadores nos fundos de pensão nessa Operação Greenfield, e o que que tem por trás dessa ação de *Lawfare* articulada para atingir tanto os representantes dos trabalhadores?

Torelly:

Como você mesmo já adiantou, há uma afiliação direta da Operação Greenfield com a Operação Lava Jato. Só que a Operação Lava Jato teve uma diferença, ela teve, nos últimos anos, uma divulgação muito grande, em função da expressão das figuras envolvidas. Assim a sociedade brasileira tomou conhecimento do que significou a Operação Lava Jato, seus métodos, suas consequências sobre as pessoas e sobre a economia, exatamente porque a principal vítima foi o Presidente Lula.

Agora, em relação à Operação Greenfield, há um silêncio absoluto. A Operação Greenfield foi liderada, aqui no Distrito Federal, pelo procurador Anselmo Henrique Lopes. E ela se caracterizou exatamente como uma operação de guerra. Eu vou narrar rapidamente o acontecido comigo, que é muito semelhante ao que se fez com as demais pessoas que foram vítimas dessa operação.

No dia 5 de setembro de 2016, às seis horas da manhã, ouvi a campainha tocando e muitas vozes. Olhei pela janela e vi três viaturas da Polícia Federal e uns 10 homens, fortemente armados, com coletes, capacetes... naturalmente eu fui ver o que que era, pensando se tratar de um equívoco. Quando eu abri a porta, eles já foram logo me imobilizando, me trazendo para dentro de casa, enquanto passaram a revistar a minha casa toda, e ficavam gritando: "Cadê o cofre? Cadê o cofre?".

Aí, um delegado me apresentou um mandado de busca e apreensão e condução coercitiva. E eu, como a minha esposa, meu filho e dois netos ficamos assistindo chocados a eles revirando a casa toda de cabeça para baixo. Claro que não acharam nada. Pegaram meu computador, meu celular e me levaram pra Polícia Federal.

Quando cheguei na Polícia Federal, eles sequer sabiam o que me perguntariam. Ficou claro, contudo, que eles queriam me vincular ao dono da JBS. No mais, perguntavam quantas vezes eu ia à Europa, quanto eu tinha no banco, coisas que eles já sabiam, porque tinham quebrado previamente o meu sigilo bancário e as minhas ligações telefônicas. Cerca de uma hora e meia depois eu fui liberado.

Constituí um advogado, naturalmente. Mas passaram-se uns dois meses, e nada de me convocarem para depor. Aí, com meu advogado, me dirigi ao coordenador da operação, que era o procurador Anselmo, pedindo uma audiência.

A audiência foi marcada. Cheguei lá com meu advogado, e encontrei também uma delegada, creio que seja Rúbia o nome dela. Bem, falei para o procurador que eu estava lá para prestar um depoimento. Aí, ele se virou para mim e disse as exatas seguintes palavras: "O senhor veio fazer uma delação?".

Respondi que não, por não ter nada a delatar. Eu estou afastado da Fundação já há mais de 5 anos, e sou uma pessoa que nada tem a esconder, eu vim aqui para responder as suas perguntas.

Ele: Bom, se você não fizer delação eu não vou fazer pergunta nenhuma. E foi esse o nosso diálogo, que se encerrou assim, abruptamente.

Passando-se os meses, começaram a vir os processos. Vários processos, seis na esfera criminal, cinco na cível, e dezenas de outros, uns 30 ou 40. Na Funcef são 21.

Quanto ao TCU eles adotaram o seguinte expediente: o Jurídico da Fundação mandava para o TCU sem aprovação da Diretoria, e o TCU instaurava tomada de contas e apresentava para a gente pedidos de pagamento de quantias extraordinárias: 200 e tantos milhões, 300 milhões...

Esse foi o início da operação. Nosso acesso aos documentos foi bloqueado. Só tínhamos acesso ao que eles queriam. Eu nunca prestei um depoimento, a exceção de uma vez, na Justiça Federal em 2019. Desde então os processos estão parados. O que tem chegado para a gente são cobranças de multas aplicadas pela Previc... quanto a algumas nós conseguimos a prescrição..., mas existe um número muito grande de multas que vão chegando.

Desde então, o Ministério Público se calou nos processos. Agora, nós fomos submetidos a uma série de arbitrariedades, e o pior é o silêncio, porque a gente não tem com quem falar.

Isabel:

Philippe, diante da complexidade e da gravidade da situação que você delineou, é palpável o quão arrebatador foi o seu encontro com a guerra jurídica, uma vivência marcada pela consternação, quando, sem prévio aviso ou compreensão dos motivos, sua residência foi invadida e você se viu inserido em um contexto de acusações em massa. O aspecto que mais surpreende, talvez, seja a dimensão da denúncia contra você: um dossiê de 4.000 páginas, cuja análise e aceitação, pelo juiz responsável, foram realizadas em um intervalo temporal notavelmente curto de apenas três dias.

A extensão de tempo envolvendo esta perseguição, se aproximando de uma década, e a angústia de ainda aguardar por um julgamento, retrata uma jornada processual dolorosa e inquietante. Em relação aos atos processuais pelos quais você já passou, uma questão relevante é se já ocorreu a sua citação oficial no processo, porque um ato que notifica formalmente o acusado sobre a existência de procedimentos legais contra si e concede a oportunidade de defesa.

Além disso, seria essencial entender em que fase processual se encontra o seu caso atualmente. O processo está na fase investigativa, ainda coletando provas e depoimentos? Ou já progrediu para a etapa processual propriamente dita, com a formalização da acusação e previsão de audiências?

Afinal, a natureza abrupta e as circunstâncias em torno do seu envolvimento nesta perseguição jurídica suscitam questões acerca dos procedimentos adotados, da adequação das práticas judiciais e do respeito aos princípios fundamentais de justiça e ao direito de defesa.

Torelly:

Eu já fui citado, já fui denunciado em seis processos penais e cinco cíveis e em várias ações administrativas. A questão é que desde o início tem sido negado para a gente o direito mais elementar da defesa. Por exemplo, o fundo de pensão do qual eu fui diretor e ao qual eu sou filiado, se nega a ressarcir os honorários advocatícios, aos quais, na qualidade de diretores, temos direito.

O que que significa isso? Isso significa a criminalização da gestão, deixar o gestor à mercê de qualquer movimento acusatório, sem que ele tenha o direito à defesa.

O que que aconteceu comigo, por exemplo? Eu dependi do apoio de familiares para poder fazer frente às despesas nesses 8 anos que dura o processo, e que eu recebi agora só uma pequena parte.

No início pude me valer das minhas economias, mas depois dependi da ajuda destes parentes. Da minha mãe, já falecida, e de irmãos, porque os valores são estratosféricos.

Imagina responder a 21 processos administrativos só no âmbito da Funcef... mais de 10 no TCU, nove na Previc, cinco na Justiça Cível... e tudo isso aí sem acesso a documentos. A Funcef, por exemplo, simplesmente me negou o acesso aos documentos.

Eu mandei uma carta ao presidente da Funcef, relatando exatamente essas questões. Quer dizer, como é que você vai se defender se você não tem acesso aos documentos?

Outra questão. A Polícia Federal teve acesso ao meu computador, acesso ao meu celular, e nada disso aparece nos processos? Isso quer dizer o quê? Só pode significar que ela não encontrou nada! Mas os procuradores não admitem isso, e em função disso não existe uma denúncia relativa a isso. Foi feita uma denúncia ressalvando que não há caracterização de desvio de dinheiro, mas eles nos acusam de gestão fraudulenta e de gestão temerária.

Como você vai fazer uma gestão temerária, se nenhum dos investimentos dos quais somos alvo comprometeram patrimônio do fundo? Que gestão temerária é essa? Pois que surjam as provas de que nós fizemos gestão fraudulenta! Eles pressupõem dolos, mas provas de dolos não existem nem existirão, porque simplesmente não ocorreram dolos.

Recentemente, o Supremo Tribunal Federal, por intermédio do ministro Toffoli, deixou claro que o investimento que a Funcef fez na JBS foi produtivo. A própria Funcef publicou em 2017 esse resultado positivo. Só que agora, estranhamente, entrou para contestar no Supremo, sendo que o ministro deixou claro: "Não houve resultado negativo nenhum, pelo contrário, teve lucro", e suspendeu o acordo de leniência.

A situação é essa: nós somos acusados de coisas que não existem e continuamos a sofrer, continuamos a ser perseguidos. Mesmo na gestão Lula, agora já tem mais de um ano que a nova diretoria da Funcef assumiu, continuam a nos negar os nossos direitos mais elementares.

É uma situação que deixa todo mundo muito sofrido, a gente tenta falar com as pessoas e não consegue, a gente procura as instituições responsáveis pela justiça no Brasil, até somos recebidos, mas naquela coisa do "Sambarilove". Ou seja, por pessoas agradáveis, que todos gostam, cheias de histórias legais, mas que nada resolvem. Aí, claro, a situação continua a mesma, infelizmente é isso que a gente tem enfrentado, mesmo no novo governo.

Eu sempre disse, em todas as oportunidades, que em um novo governo democrático essa perseguição iria passar, mas não é isso que aconteceu. Ela diminuiu, é preciso reconhecer isso, mas o fundamental, que é reconhecer nossa inocência, informar aos outros órgãos que estão nos acusando de que nós somos inocentes, e nos ressarcir dos honorários advocatícios... nada!

Enquanto isso não é feito, perdura a situação dos governos anteriores, que foram uma coisa traumática.

Cleide:

A gente esperava, e a Isabel trabalhou muito para isso, arregimentando advogados que iriam influir na construção de políticas públicas já na fase e transição. Advogados que a gente achava que pudessem ser interlocutores, o Manuel Caitano, o Greenhalgh... enfim... na véspera do governo tomar posse a gente já estava trabalhando para isso.

E, depois que o governo tomou posse, a gente enviou carta para todos os órgãos de governo, para todos os ministérios. A gente conseguiu ser recebido três vezes no Ministério da Justiça, duas o Ministério dos Direitos Humanos e Cidadania, apresentou uma proposta de implantação de uma rede que a gente chamou *Rede Nacional de Monitoramento e Combate ao Lawfare*. Foi a 78ª proposta mais votada, mesmo assim ela ficou de fora do *Plano Plurianual Participativo*, o PPA.

A gente continua lutando, na tentativa de resgatar vítimas. A gente entende que essa atitude do governo de ignorar a guerra não traz solução. A gente entrevistou recentemente o José Sócrates, ex-primeiro-ministro de Portugal, e ele já havia denunciado a decisão que foi tomada pelo Partido Socialista Português de abandoná-lo. Aqui no Brasil, por exemplo, diziam ao Pizzolato: "Não está na hora de resgatar feridos" e isso há 20 anos. Só que isso não resolve o problema, porque o problema volta maior, como voltou agora em Portugal, cujo Primeiro-Ministro sofreu um tal golpe de *Lawfare* que perdeu o cargo em 24 horas.

Você contou muitas coisas a respeito da perseguição lá na Funcef, mas é importante também que você conte, caso queira, um pouco mais da sua história, da sua atuação para a fixação da Vila Telebrasília. O povo hoje está fixado lá como fruto do seu trabalho, e sabemos que você tem uma trajetória brilhante.

Queremos saber de você também sobre a questão o assédio processual.

Torelly:

Assédio Processual: como é que eles atuam? Devagarinho foi que nós fomos percebendo que há um conjunto de auditores que alimenta os procuradores. E eles trabalham, seja na Caixa, na Petrobras, ou em outras grandes empresas estatais, ou mesmo na instância federal, em conluio com os procuradores. Os procuradores atuam num sistema que eu chamaria de alcateia.

E nunca há nenhuma petição, nenhuma ação assinada por um procurador, não há! São sempre 10, 12, 15... que assinam conjuntamente. É um cenário em que eu fico sem entender por que o Ministério Público não faz uma reflexão? O Ministério Público tem tantos membros eminentes, professores universitários, tantos expoentes intelectuais... por que que eles não fazem uma reflexão crítica acerca dessas ações?

Eu fico me perguntando como é que uma instituição tem tanto poder assim, e a gente fica assistindo pelo noticiário ela sempre atuando de uma maneira que ficou clara na Vaza Jato, na Operação Spoofing...

Temos uma instituição que não faz autocrítica... o Judiciário também... e os processos não andam, ficam paralisados, e nós sem sequer poder nos defender. Trata-se de circunstâncias que configuram um cenário não apenas desafiador, mas repleto de contradições que comprometem gravemente o princípio do devido processo legal.

Por exemplo, quando a Funcef iniciava processos de sindicância, era requerido que prestássemos depoimentos. Contudo, enfrentávamos o paradoxo de sermos impedidos de adentrar o edifício. Diante dessa contradição, surgia uma questão inquietante: como era possível depor se a entrada no prédio nos era vetada? Ademais, as correspondências enviadas pela instituição continham mensagens intimidadoras, anunciando a possibilidade de presença de membros da Polícia Federal e do Ministério Público durante nossas declarações - uma clara ameaça. Justificavam a restrição de acesso aos documentos alegando constrangimentos legais, demonstrando assim uma postura que, sob qualquer aspecto, buscou arduamente nos tornar ineptos, por mais ilógico que isso parecesse.

A possibilidade de uma defesa abrangente e justa nunca nos foi concedida; fomos, e continuamos a ser implacavelmente perseguidos, visto que o processo ainda está em curso. Alimentávamos a esperança de que, durante o governo Lula, especialmente considerando que o próprio Presidente foi alvo de uma operação controversa como a Lava Jato e enfrentou a prisão, alguma resolução emergiria. Contudo, não somente ele, mas também figuras como José Dirceu, João Paulo Cunha, Genoino e Delúbio, foram afetados.

Diante dessa perspectiva, se até mesmo indivíduos como Genoino enfrentam ataques dessa natureza e o Presidente Lula foi condenado, questionava-me o quão exposto eu poderia estar, porque essa situação nos deixa com uma sensação profunda de vulnerabilidade.

Durante os seis anos iniciais da operação, enfrentamos um isolamento total, com a comunicação entre nós severamente restringida - era proibido falar com qualquer um. Além disso, diversos colegas vivem com seus bens retidos por quase oito anos, uma condição que, curiosamente, parece ser resolvida com maior brevidade quando envolve grandes empresários, cujos bens bloqueados são rapidamente liberados.

No entanto, para o cidadão comum, que possui apenas um apartamento e algumas economias, os bens permanecem inacessíveis durante todo esse tempo, sem que haja qualquer perspectiva de liberação ou ao menos uma resposta por parte das autoridades. Para ilustrar, um amigo possui um veículo do ano de 1995 que ainda se encontra retido, um carro que soma três décadas de utilização.

Essa é a dura realidade com a qual nos deparamos hoje em dia. Particularmente, os primeiros quatro a cinco anos foram de imenso sofrimento para mim, uma fase extremamente árdua. No entanto, aos poucos, comecei a reorganizar minha mente, a me fortalecer, dedicando-me ao trabalho e buscando me reestruturar.

As oportunidades se tornaram escassas; qualquer pessoa que realiza uma simples busca na internet com meu nome encontra imediatamente a associação com a Operação Greenfield. Esse vínculo resulta no fechamento de portas dentro do mercado de trabalho, evidenciando uma realidade em que as chances de emprego se mostram notavelmente limitadas. Independentemente de jamais ter sido condenado, pago uma pena nada pequena.

Cleide:

Realmente, Torelly, temos testemunhado que esse assédio processual que, no mais das vezes, tem significado a decretação da morte civil da pessoa perseguida, que fica excluída do direito ao crédito, do emprego, da renda... um tormento que não termina nunca.

Mas gostaria de saber quais foram na sua visão os objetivos da *Greenfield*. Como o Pizzolato já sinalizou, tem a questão da ambição deles em se apropriarem dos 1,3 trilhão de reais que a Funcef tem de reserva, uma quantia muito significativa, maior até do que o orçamento da educação, mais do que o PIB no Uruguai. Um grande chamativo para quem pensa em roubar.

Agora, o Paulo Guedes estava bastante citado, e já foi completamente inocentado. Enquanto você, na única oportunidade que teve de conversar com um juiz, viu tentarem dirigir essa investigação para um objetivo muito claro: incriminar o Partido dos Trabalhadores. Como se deu isso? O que eles perguntavam? O que que você percebeu da agenda oculta desses procuradores nessa operação desastrada que não tem nenhuma relação com o interesse dos trabalhadores, mas o contrário?

Torelly:
Em primeiro lugar quero tentar aprofundar a colocação do Pizzolato. né? Vamos lá, o que o país precisa? Infraestrutura. O que mais o país precisa? Indústria. Os fundos de pensão, então, investiam em infraestrutura, em energia, em indústria... o que aconteceu com a crise de 2015, 2016, que coincide com a Operação Greenfield? Houve um crescimento negativo, o PIB caiu 3,5%, e naturalmente os investimentos tiveram a sua rentabilidade reduzida.

No caso da Funcef, qual era o principal problema? A Funcef tinha uma participação muito grande na Vale do Rio Doce, então, para que se tenha um parâmetro, em 2009 uma ação custava R$ 56,00, (hoje custa R$ 62,00), mas em 2015 a ação da Vale do Rio Doce caiu para R$ 13,00. Então eles se aproveitaram dessa situação circunstancial para fazer uma alegação de que havia um rombo, quando não havia rombo algum. Pelo contrário, os investimentos pelos quais nós somos acusados de que teriam lesado a Funcef, são altamente positivos, como o da Eldorado, o da SEVIX, e outros que foram reconhecidamente benéficos para a Fundação.

Esse movimento todo, tem por trás dele a questão da privatização dos recursos. Quer dizer, a gestão privada, porque esses recursos estão indo todos para a renda fixa. Hoje, os fundos de pensão estão com mais de 80% dos seus recursos em renda fixa. O que que significa isso? Significa o cassino governamental de títulos públicos.

E o investimento na economia real, que é o que importa, que é o que desenvolve o país, que é o que fazem os fundos de pensão no mundo todo, está diminuindo cada vez mais. Vocês podem olhar, tem no site da ABRAPP (Associação Brasileira de Previdência Privada) para quem quiser olhar... no item "Consolidado Estatístico".

Então, quando a taxa de juro cair, os fundos vão ter que correr para reorganizar os seus investimentos, porque não vão mais atingir a meta atuarial, que tem sido atingido nos últimos 2, 3 anos, em função da elevada taxa de juros.

Pizzolato:

O que você relata são ações e táticas de guerra, uma guerra que já não é mais militar, utilizando tanques, é uma guerra que utiliza o Judiciário e a imprensa. E as principais vítimas disso tem sido as lideranças progressistas.

Nosso pessoal parece não ter conseguido decifrar que se tratava de uma nova tática de ocupação, de guerra, e assim o outro pessoal foi avançando. Inclusive, a gente viu muita gente de esquerda, progressista, caindo em um certo moralismo, e assim jogando água nesse moinho, apoiando, inclusive, esse tipo de ação integralmente ilegal. Tudo que se viu foi algo profundamente antipatriótico, mas feito em nome da pátria.

No caso específico dos fundos de pensão, eles se sentiam incomodados quando os representantes dos trabalhadores, dos associados, passaram a estar lá, cuidando das aposentadorias, dos recursos futuros, dos direitos: "vamos tirar os guardas para que gente possa voltar a fazer o que fez em outras épocas". No entanto, a nossa gente e nós mesmos meio que não entendemos essa lógica e assim não criamos uma barreira efetiva.

Daí que nosso grande anseio seja o de que o Estado se preocupe com essas questões, e que se crie ferramentas estatais, mecanismos para detectar e neutralizar o *lawfare*.

No teu caso, a Funcef atuou como assistente de acusação. As dificuldades para você ter acesso a documentos mostram isso. No conjunto, foram operações de exceção. No caso da Petrobras, a mesma coisa, a empresa atuou para ajudar os acionistas minoritários americanos a levar bilhões dela mesma.

O próprio Papa Francisco chama de ações exógenas, de fora, comandadas pelo império, mas verdadeiras ações de delinquência judicial e midiática.

Considerando esse erro de avaliação da esquerda ao não criar uma trincheira, de não dar combate, de deixá-los avançar, quais as implicações, na sua visão, dessa opção de não socorrer as vítimas?

Torelly:

Ao longo desses anos de sofrimento e reflexão, tenho conjeturado mais no como sairmos desta situação. Penso que nós precisamos em primeiro lugar alcançar visibilidade, tomar algumas atitudes que à primeira vista podem até parecer um tanto quanto ingênuas, como a de irmos ao Congresso Nacional, juntar um grupo de pessoas, ir ao Salão Negro e levantar cartazes: "Olha aqui o *Lawfare*!", para chamar a atenção da imprensa, porque a imprensa não tem dado a menor atenção e não dará espontaneamente. É preciso tornar esta realidade em fato político, que atraia a atenção.

Veja-se o caso da J&F, a imprensa se colocou contra o voto do TRF, que foi baseado nos fatos. No nosso caso, já tentamos falar com a imprensa, já tentamos envolver as pessoas, temos insistido. A Previc, ressalvo aqui, é a instituição que melhor nos tem recebido.

Somos um grupo, a Associação ANAPEX, um grupo de pessoas incansáveis, e vamos continuar nessa luta, mostrando que, na verdade, o que há é uma grande questão ideológica por trás. Eu e outros colegas fomos identificados como PT. O meu currículo, a minha trajetória de vida a partir daí não importa mais.

O procurador perguntou se eu era do PT. Aí, depois, pediu: "Não, desculpa, desculpa". Assim, essa coisa não é para ter esse viés ideológico, mas ficou claro que tem. O juiz, no único depoimento que prestei, perguntou assim: "O senhor é do PT?". Eu falei: "Sou. Eu sou do PT, mas eu não sou só do PT. Eu tenho uma história de vida, eu tenho um currículo de qualificações que me habilitam a exercer a função que eu exerci dentro da Funcef e em outros locais". Mas prevaleceu essa iniciativa de carimbar como um projeto petista, e pronto.

Agora, por que o nosso governo não mudou essa postura? Por que não deu, pelo menos, ouvidos ao que a gente tem para dizer? Por que não somos recebidos? Nesse ano e pouco de governo Lula nós já batemos em muitas portas, entregamos cartas, elaboramos memoriais..., mas nada! Fica essa questão no ar.

E na imprensa não é diferente, só o GGN, o jornal do Nassif, nos deu algum apoio. A grande imprensa, zero! Mas vamos continuar, vamos insistir, vamos continuar o nosso trabalho de denúncia. Queremos que as instituições, tanto o Judiciário como o Ministério Público, o Ministério da Economia, o TCU, tomem consciência do que houve e com isso mudem.

Agora estamos sobre o assédio das multas. A toda hora passa na minha casa um oficial de justiça falando "Ó, eu já vim aqui outro dia, já anotei a placa do seu carro, tá aqui, ó". Eu: "Pois é, está aí meu carro, que é que eu posso fazer? Se vier uma ordem judicial para entregar o carro, ok. Minha casa também está aqui".

Durante o governo Bolsonaro mudaram o conceito de prescrição. Mudaram o conceito inclusive quanto a aquilo que já havia sido prescrito. O TCU também. Agora imagine: qual a reação de uma pessoa que recebe uma cobrança de 236 milhões, sem ter tido ação judicial nem nada? "Ó, se você pagar essa quantia, o processo acaba"? É kafkiano isso! Quem deixa sair uma coisa dessa de dentro do TCU? Uma coisa que, inclusive, é contrabandeada, que foi mandada por advogados sem aprovação da direção da Funcef, e se transforma em um processo.

Tá, 236 milhões, o que vocês vão fazer? Vão levar a minha casa? Desculpe, vale só um átimo disso, mas é o que tenho. Um absurdo total! Espero bem que as autoridades do TCU, da Previc, do Ministério Público, passem a olhar esses métodos, porque são métodos, eu diria, para lá de fascistas. Um método no qual você não tem defesa possível. Tem um filme que se chama "Vivendo na Alemanha de Hitler". É como eu me senti em várias oportunidades. Me senti assim, vivendo na Alemanha de Hitler, porque eu não tinha nem com quem falar.

Cleide:

O Estado brasileiro inteiro contra você, tantos órgãos contra você, te negam jurisdição já que até hoje você não teve um julgamento. Vai completar 70 anos sob a ameaça de passar para a história com essa mácula na sua biografia. Uma história tão bonita e tão reconhecida por todos que tivemos o privilégio de conviver com você aqui em Brasília. A *Rede Lawfare Nunca Mais* existe para lutar contra isso: Para que não se esqueçam, para que nunca mais aconteça.

Torelly:
Tem sido difícil, mas nós vamos vencer. Nós vamos juntos, nós temos que nos juntar, nos unir, porque nós vamos vencer e vamos ajudar a melhorar a democracia no Brasil.

JÚLIO NEVES

Foto: Reprodução/Linkedin

Júlio Neves é graduado em Pedagogia, possui pós-graduação em Ciência Política e mestrado em Economia pela Universidade de Brasília (UnB). Nascido em Cássia, Minas Gerais, reside em Brasília desde 1977. Aposentado da Caixa Econômica Federal, onde ingressou em 1978, atuou como gerente de controles internos, diretor-geral do Sindicato dos Bancários de Brasília e gerente imobiliário de alienação em rendas na Funcef. Foi também sócio da Corpore Facilities, empresa de gestão empresarial e mão de obra terceirizada.

Além de sua trajetória profissional, Júlio é ambientalista, agricultor orgânico e fundador do Sacisal do Pererê, onde se dedica à pesquisa da identidade mítica brasileira.

Isabel:

Júlio, conhecemos bem o calvário que você tem enfrentado em sua luta pelos trabalhadores nos fundos de pensão. Conhecemos também a história da perseguição que se abateu sobre esses representantes e sobre qualquer um que se opusesse à terrível situação que vivenciamos durante o período da necropolítica, quando o assédio moral estava em voga e a violação dos direitos era autorizada pelo próprio governo.

O Pizzolato que nos inspira e nos impulsiona está reunindo os fragmentos dessas vítimas que foram abandonadas ao longo desses 20 anos de guerra contra o projeto desenvolvimentista que estava em curso no país.

O sistema judicial brasileiro, infelizmente, tem sido utilizado como instrumento de perseguição política, direcionando seus esforços de forma desproporcional contra o campo da esquerda. Além disso, os ataques aos trabalhadores não se limitaram à esfera laboral, mas estenderam-se aos fundos de pensão, fragilizando a segurança financeira das empresas e dos próprios pensionistas.

É importante contextualizar que, no início desse período turbulento, o Brasil ocupava a sexta posição entre as maiores economias do mundo. No entanto, em menos de uma década, o país sofreu um retrocesso significativo, caindo para a 12ª posição no ranking econômico global.

Julio:

Quero começar agradecendo de forma emocionada o convite que vocês me fizeram para que eu contasse um pouco dessa história tão absurda, que mostra como foi uma perseguição fora do comum, diferente de todas as outras, que afetou a vida de muitos colegas valorosos e profissionais competentes, e que usa como pretexto a compra de oito salas do edifício da Ordem dos Advogados do Brasil.

A dissonância cognitiva, que sempre existiu, sempre esteve presente, em algum momento foi intensificada via redes digitais pelas circunstâncias desses movimentos que surgiram no mundo da desestruturação da esquerda, da estigmatização do esquerdista como um criminoso.

Quem cita uma pessoa de esquerda já é logo desprezado. Isso foi resultado de um processo que formou uma população que ignora tudo o que se passa, por exemplo, no campo dos investimentos de uma fundação ou de um fundo de pensão.

Nos anos 1990, os fundos de pensão tiveram um destino estranho, pois tinham muito dinheiro e foram usados sem critério na era FHC para financiar empreendimentos nos quais os fundos de pensão das estatais eram maioria de até 80%, mas depois de muitas manobras e contradições, os trabalhadores não tinham controle nem representação nas fundações.

Eu trabalhava na Funcef e vi que os fundos de pensão investiam em shoppings e outros negócios, mas só se davam mal. Os empresários levavam a melhor parte e os fundos ficavam com pouco lucro ou prejuízo. Isso é muito diferente do que as pessoas pensam. A situação piorou com os défices e outros problemas que temos que resolver. Mas ninguém quer falar ou denunciar a elite que se aproveitou e se deu bem nessa época com os recursos da das Fundações.

Pizzolato:

A Cleide diz que o *lawfare* é uma guerra contra o país. Eu vejo que para destruir o Brasil, eles usam três frentes: energia barata e acessível, recursos para o futuro e conhecimento científico. Por isso, as operações de *lawfare*, como a lava-jato, atacaram a Petrobras, a Eletrobras, o BNDES, os fundos de pensão e as universidades e centros de pesquisa.

Eles arruinavam o país de forma organizada e calculada, usando o sistema de Justiça. Infelizmente, porque este sistema é sustentado pelos impostos dos brasileiros. Júlio, nos fundos de pensão os investimentos são feitos para médio e longo prazo porque as pensões são assim também e esses investimentos são em geral muito bons.

A operação *greenfield*, Campos Verdes, tinha um nome que indicava uma estrutura e um plano para algo novo e de sucesso. Mas foi atacado, principalmente pela República de Curitiba, e isso atrapalhou o projeto como se alguém destruísse as pontes de uma rodovia que estava sendo construída. Assim, a república de Curitiba agiu para sabotar os fundos e os investimentos planejados.

Fica claro que o que pretendia ser um mecanismo de proteção se tornou um dilema que causaria prejuízos e prejudicaria os pensionistas e contribuintes dos fundos de pensão, que em algum momento começaram a ter rendimento negativo.

Julio:

Eu me interesso por movimento social e brinco que sou socialista desde os 9 anos, quando meu pai era cortador de cana em Ribeirão e vivia se machucando com as folhas. Um dia, ouvi no rádio sobre reforma agrária e minha mãe disse que era coisa de comunista, que a reforma agrária ia tomar a terra dos outros para dividir. Eu pensei: meu pai não tem terra nenhuma, eu quero que alguém dê um pedaço para ele plantar. Então eu decidi: eu quero ser comunista, socialista, algo que reparta essa terra.

Quando eu cresci, eu me perguntei como buscar a Utopia que é, como a gente sabe, a melhor parte da nossa vida. A Utopia que nos faz sempre progredir, pensadores já falaram sobre isso. A Utopia é o que nos move.

Quando eu pesquisei sobre os fundos de pensão como possível solução, eu encontrei o caso do fundo Aeros da Varig, que era grande, mas foi totalmente arruinado pelos seus investimentos.

Então eu pensei se hoje o trabalhador que tá em na atividade aposentar ele vai ser herdeiro de uma pequena Fortuna maior do que ele ganharia só com o salário dele ou seja, os fundos de pensão tinham muitos recursos e investimentos, e cresciam muito. A Previ, a Funcef, a Petros, todos tinham um objetivo final. Alguns ainda têm essa lógica, por exemplo, o Centrus. Se ele fechar hoje e dividir o patrimônio entre os participantes, vai criar muitos milionários. Eles terão mais dinheiro do que precisam para viver sua aposentadoria.

Os fundos de pensão, por terem uma dimensão extraordinária, despertam a inveja de muitos. Qualquer um que se destaque muito sofre com isso. A inveja é um defeito humano que atinge as elites e a classe média, que tentam acabar com o que está dando certo.

O ambiente dos fundos de pensão estava indo bem. Eu me recordo que, quando começamos a debater no sindicato de São Paulo a participação nos fundos, alguns diziam para não tocar no assunto porque os bancos privados não tinham fundo de pensão e podíamos desagradá-los, em vez de incentivar uma coisa mais socializada e ampla. Essa perseguição, como dizia Darcy Ribeiro faz parte de um projeto, um projeto das grandes economias para dominar cada vez mais a riqueza das economias menores, como a do Brasil.

É preciso que a gente mude isso de forma mais firme e direta, sem esconder essa bandeira em poucos gabinetes onde as pessoas debatem teorias sem se responsabilizar por conscientizar a população sobre o que é um fundo de pensão e o que ele pode fazer pelo desenvolvimento do país.

Isabel:

O que mais prejudica a situação não é a inveja, mas a cobiça, pois, como afirma um ditado conhecido, não é tão difícil satisfazer a fome dos pobres, o difícil é frear a ganância dos ricos. A elite financeira se ressente do pouco que os servidores públicos conseguem guardar de recursos, de ter uma reserva financeira, uma previdência. Não é só inveja. Eles têm uma cobiça imensa, porque o patrimônio dos fundos de pensão é muito atrativo. É muito dinheiro que se os bancos puderem quebrar os fundos de pensão e levar essa previdência para eles, com certeza lucrarão muito, enquanto, lógico, todos nós perderemos.

Retornando ao assunto da *Greenfield*. Eles usam em Brasília, nos casos da *Greenfield*, os mesmos métodos da lava-jato. Inclusive, em alguns lugares a *Greenfield* é conhecida como a Lava Jato do Cerrado, pois os responsáveis pelo *lawfare* aprenderam com a lava jato.

A operação foi baseada em denúncias infundadas de corrupção. Trabalhadores foram levados à força para depor, sem que tivessem sido convocados antes, e prisões preventivas foram usadas para intimidar e pressionar por confissões premiadas. Quase 10 anos depois, muitos acusados ainda não foram julgados, O que fere o devido processo legal, pois ele inclui o princípio da celeridade no processo civil, no direito. Também foi desrespeitado o direito ao acesso à justiça previsto na convenção americana de direitos humanos, tratado do qual o Brasil é parte.

Júlio, quais foram as acusações feitas contra você, como foi o andamento do processo e que direitos seus foram desrespeitados?

Julio:

Esse processo começou de um modo tão absurdo que, pelo que eu entendo, a origem dele foi quando nós realizamos a primeira eleição para diretor representante da Funcef. Naquela época eu já tinha deixado a Funcef, já era um empresário, com uma empresa atendendo vários edifícios, vários empreendimentos, tendo participado de licitações na área de gestão predial, fornecimento de mão de obra terceirizada e serviços gerais.

Quando a empresa já estava funcionando, eu apoiei os colegas nas eleições pelas redes. Na época, os candidatos eram o meu saudoso e querido amigo Pedro Eugênio, marido da minha amiga Isabel, Zé Carlos Alonso e a Marota, aposentada, ex-diretora que buscava a reeleição.

Eu participava de uma forma meio incisiva nas redes, principalmente em uma página do Facebook chamada Economistas Substituíveis. Ali os nossos adversários eram candidatos que eram auditores que tinham começado no governo do Lula a investigar os investimentos errados. Um monte de problema que ali a gente pensava que eles estavam procurando do governo do Fernando Henrique, das gestões anteriores e tal, porque havia muita contradição.

A Funcef tinha uma parceria muito próxima e viciada com os empresários da construção, principalmente em Brasília. Eu era gerente de alienação e rendas e notei que alguns projetos em parceria eram administrados pelo sócio, não pela Funcef, e tinham irregularidades. Eu fiz um levantamento por conta própria, com a ajuda das minhas assistentes, sem auditoria.

Começamos a revisar tudo o que tinha sido deixado de lado para repassar para a Funcef. Com isso, conseguimos obter de um empresário 5 milhões, só com a venda de flats perto do Alvorada.

Os auditores agiam, na verdade, no projeto de impedir que o PT tivesse qualquer participação na administração do estado brasileiro. Eles pretendiam enfraquecer qualquer fonte de inspiração que estimulasse os petistas, que estariam assumindo o governo, a aprimorar essas instituições do seu jeito.

Eles entraram na Funcef e em outros fundos de pensão, e começaram a minar o sistema. Depois, eles se candidataram como diretores representantes, mas eram os próprios auditores. Eles não fizeram nada com as denúncias, nem encaminharam para o ministério público as irregularidades, contradições e omissões que eu apontei. Foram mais de 150 milhões identificados. O ministério público foi, conversou entre si, e nunca levou o caso adiante, nem fez nenhuma acusação.

E os auditores que atuaram nessa questão e a levantaram com o nosso apoio, com as informações que nós fornecíamos, não tomaram nenhuma providência. E eu expus isso na eleição deles, nas redes. Disse olhem, vocês estão se candidatando agora, mas não fizeram nada para cobrar o empresário sócio da Funcef, e tudo isso apurado com competência, com todos os dados, e vocês não conseguiram trazer resultado para a Fundação na recuperação destes recursos.

Isso gerou o ressentimento, o ódio deles. Eu era um cara que estava revelando algo que eles sabiam que tinha acontecido. Mas eles venceram a eleição. Esse foi o problema, eles venceram a eleição. E como eles venceram a eleição continuaram cometendo todas as irregularidades que eles cometem lá dentro da Funcef.

Eu não vou citar os nomes deles, mas eles lembravam os três personagens do filme Três Homens em Conflito: o bom, o mau e o feio. Eles tinham essas personalidades e eu brincava com isso, sempre fiz isso. Bem, no começo a Funcef tinha 132 salas, e ela vendeu para muita gente, pessoas da Caixa que fizeram ofertas nos preços da Funcef, e como eu já tinha começado a minha empresa, adquiri cinco delas. Foram avaliadas, tudo certinho. Eu já possuía cinco salas, as oito salas restantes que não tinham sido vendidas ficavam ao lado dessas cinco salas minhas, eu comprei, paguei e fiquei aguardando a escritura da Funcef. E a escritura ficou na mesa do Delvio, um dos diretores que assinava junto com a área Imobiliária. O Delvio era um dos eleitos do grupo de controle.

Aconteceu que um assessor dele, acho que Ciro, viu e disse: espera aí, está vendendo para essa empresa Neves e Neves, vamos ver quem é o sócio: é Júlio Neves. Ah não, você tem que barrar essa venda. Aí eles tentaram, mas estava tudo certo, e tinha até um parecer de duas advogadas da Funcef confirmando que não havia nenhum erro, que estava tudo correto, tudo dentro da lei. Que eu ainda paguei mais caro nas salas do que elas realmente valiam, porque eles decidiram que para me vender precisavam que eu quitasse a dívida do inquilino de lá, que estava devendo dois anos de aluguel, isso dava uns 238.000 reais mais ou menos.

Eu tinha interesse naqueles imóveis, porque o meu negócio estava crescendo, eu estava concorrendo a contratos, eu necessitava da área e paguei, quitei os imóveis e aguardei. Quando se passaram 90 dias e ninguém me entregava a escritura, eu acionei a Justiça para fazer valer o compromisso que a Funcef tinha, pois eu já havia pago corretamente, no prazo.

No ápice das investigações promovidas pela CPI dos fundos de pensão, houve um episódio marcante: algumas pessoas, trajando vestes azuis, realizaram uma manifestação barulhenta durante a sessão. Elas demandavam uma investigação aprofundada por parte do Ministério Público sobre a transação de venda de algumas salas pela Funcef. Tal solicitação visava, particularmente, apurar a minha participação nesse negócio. Diante da ausência de irregularidades palpáveis, recorreram à aquisição de um laudo elaborado por Valéria, uma arquiteta aposentada da Caixa, conhecida por sua aversão ao Partido dos Trabalhadores, ao petismo e aos ideais de esquerda, na tentativa de sustentar suas acusações.

A aversão que ela nutre pela cor vermelha da esquerda a impeliu a elaborar um laudo com o intuito de contestar o parecer técnico de um arquiteto experiente, com três décadas de atuação na elaboração de laudos para a Caixa Econômica Federal. Este profissional, professor da Universidade de Brasília e doutor pelo Instituto Tecnológico de Aeronáutica, goza de amplo respeito e idoneidade em sua área. Em seu depoimento, ele declarou: "Fui convidado pela Funcef para realizar avaliações para fins contábeis, visando a inclusão de ativos no patrimônio, procedimento que deve ser realizado bienalmente. Cumpri essa tarefa em diversas ocasiões, como no caso do Shopping Pantanal, no Mato Grosso, avaliado em 80 milhões de reais, um edifício no Espírito Santo e as salas comerciais do Shopping Brasília, totalizando mais de cento e tantos milhões de reais. Nunca houve qualquer questionamento até o presente momento, quando uma avaliação que realizei foi contestada, com a alegação de que o valor atribuído ao imóvel estava 400 mil reais abaixo do seu valor real."

Para sustentar essa tese infundada, eles se viram obrigados a construir uma teia de mentiras, uma sobre a outra. Rescindiram todos os meus contratos, prejudicando-me financeiramente desde o início. Afinal, não se destrói impunemente uma empresa sólida, que investe em cultura e meio ambiente, cumpre rigorosamente suas obrigações, não se envolve em falcatruas com colaboradores, trata-os com o máximo respeito, paga seus impostos em dia. Minha empresa, posso afirmar com orgulho, era uma joia rara. Conduzíamos nossos negócios com a mais absoluta integridade. Lealdade institucional era o nosso lema. Atendíamos a todas as demandas dos clientes, inclusive da Caixa Seguradora. Quando decidiram rescindir nosso contrato, o depoimento do administrador responsável foi: "Júlio, sua empresa nos atende em tudo, é impecável. Sua equipe é a melhor, vocês cumprem prazos rigorosamente. Somos uma grande empresa, temos isso claro, com nossos controles, planilhas e administração. Mas não podemos ter uma empresa denunciada pelo Ministério Público trabalhando conosco." Utilizaram esse argumento para justificar o rompimento do contrato.

Essa condição imposta foi apenas o início de uma série de desdobramentos que abordaremos mais adiante. Fiquei impossibilitado de manter a empresa, pois a própria Funcef havia me prejudicado financeiramente. Prestei serviços durante nove meses em sete empreendimentos, mas a Funcef reteve o pagamento do último mês de cinco deles e deixou de pagar dois meses de cada um dos outros dois empreendimentos. Durante nove meses, fiquei sem receber, mesmo tendo arcado com salários e impostos. Tive que recorrer a empréstimos bancários, vender bens pessoais e contrair dívidas... esse foi o início de um processo que se estende até hoje, marcado por atos de vilania que parecem não ter fim.

Cleide:

É uma situação verdadeiramente dramática, pois envolve não apenas o aspecto pessoal, mas toda a sua trajetória de vida. Desde a juventude, você se engajou na luta por direitos, pela terra, pela distribuição de riquezas, e construiu uma empresa com base em valores éticos. Sua conduta honrada como empresário, que sempre valorizou os trabalhadores, é amplamente reconhecida.

O apoio que você recebe de pessoas que testemunham a favor da sua empresa demonstra a retidão com que sempre atuou. Infelizmente, aqueles que se autoproclamam justiceiros, a quem podemos atribuir o título de "Lava Jato do Cerrado", cumpriram à risca o papel de destruir empresas em Brasília, extinguindo empregos e renda. Sabemos que um dos objetivos dessa guerra é justamente reduzir o custo da mão de obra, transformando o país em uma mera fazenda exportadora de commodities.

Seu caso se enquadra perfeitamente no conceito de "*lawfare*", o uso indevido da lei como arma de guerra política. Algumas situações que você descreve são chocantes, como o rompimento de um contrato com base em uma mera denúncia, ignorando o princípio da presunção de inocência. Essa prática, infelizmente, tem se tornado comum, não apenas entre os perpetradores do "*lawfare*".

Resistiremos a essa tendência e continuaremos a denunciar essas práticas, pois essa guerra tem um objetivo cruel e prejudicial ao nosso país.

Retomando a questão da participação ativa da imprensa nessa guerra, podemos observar o caso da *Greenfield* como um exemplo claro. Após entrevistarmos Guilherme Lacerda, ex-diretor presidente da Funcef, o jornal Metrópoles publicou uma matéria afirmando que "alvos da *Greenfield*" a estariam colocando na cova da operação à Lava Jato, confirmando que esta última estaria desacreditada e "na cova".

Essa postura demonstra mesmo como alguns veículos de imprensa assumem a Lava Jato como algo negativo, apesar de todo o alarde e propaganda que fizeram em torno dela. Alguns repórteres, que parecem ser cúmplices dessa empreitada, chegaram a descrever o ex-juiz Sérgio Moro como um "enxadrista", reforçando a narrativa de uma operação meticulosamente planejada.

Parece que temos aqui nossos próprios "Moro" e "Dallagnol" do Cerrado, que se incomodam com as denúncias que estamos fazendo. A matéria mencioanda adota um tom de desdém, afirmando textualmente que "após inúmeras derrotas, pessoas citadas na *Greenfield* agora estão esperneando, querendo colocá-la na cova da Lava Jato".

Gostaria de saber em que fase se encontram seus processos e os ataques que você vem sofrendo nessa guerra.

Estamos diante de uma nova fase, como se fosse um novo episódio em uma série de televisão. Neste 13º episódio, somos vítimas do abandono da idoneidade ideológica que esperávamos encontrar em nossos companheiros que assumiram cargos em instituições em que há pessoas perseguidas. Essa situação se manifesta de forma particularmente vil na Funcef.

Apesar da mudança de governo há um ano e meio, a Funcef continua atuando como assistente de acusação em todas as ações, o que, na minha opinião, demonstra que eles simplesmente ocuparam o espaço deixado pelo adversário anterior. E não se tratava de um adversário qualquer, havia operadores atuando na Funcef, cujos nomes prefiro não mencionar para evitar represálias. Vou citá-los no momento devido.

Atualmente, os funcionários da Funcef assumiram seus cargos sem pleno conhecimento das questões envolvendo essas salas. Para se inteirar da situação, em vez de buscar informações com as vítimas da perseguição, eles se orientam com os algozes, os remanescentes bolsonaristas que ainda permanecem na Fundação.

O presidente, em vez de retirar a Funcef da posição de assistente de acusação, busca orientação com um advogado bolsonarista que, durante sua atuação na Funcef, esteve envolvido nas ações que nos perseguiam. E esse advogado fornece informações completamente equivocadas, que o presidente aceita sem questionar, a estrutura de direção da Funcef aceita.

Implacáveis, eles buscam incessantemente prejudicar o condenado, o perseguido, que apenas anseia por justiça. Chegamos a um ponto surreal, em que o universo parece ter conspirado para criar uma situação inusitada. Há uma ação no Ministério Público aguardando julgamento, com o juiz afirmando já ter a sentença pronta. E há outra ação, na qual solicitei a escrituração das salas, porque inicialmente eu desejava receber as salas, mas a Funcef se recusou a entregá-las, apresentando denúncias de envolvimento na *Greenfield* e supostos indícios de crimes.

Uma das denúncias do Ministério Público consistia em um pacote de documentos entregue ao juiz com a seguinte declaração: "Meritíssimo, não temos provas e não realizamos nenhuma investigação, mas temos a certeza de que houve crime." Esses documentos eram enviados pelos próprios indivíduos que nos perseguiam, os três diretores.

Eles se valiam de qualquer pretexto para nos incriminar por crimes inexistentes, em uma perseguição explícita e desavergonhada. Ninguém ousava questionar suas ações, por mais equivocadas que fossem. O presidente, em vez de se dissociar da posição de assistente de acusação, optou por ocupar o lugar do inimigo.

Há um personagem de Hemingway que questiona seu companheiro: "Como está aí, companheiro? Já ocupou o espaço, está tudo bem?" - "Aqui está tudo bem, meu comandante." - "Você já ocupou o espaço do inimigo?" - "Olha, já estamos aqui conversando com o inimigo..." - "Espere aí, você está costeando o alambrado?" - "Não, não estou costeando o alambrado, não. Eu já derrubei o alambrado, já estou no espaço do meu inimigo, estamos conversando com ele, e ele não é má pessoa, viu? Inclusive, ele dá umas dicas aqui do Júlio Neves, que o Júlio Neves tem umas contradições lá num prédio de São Paulo... Faz um ano e meio que estamos aqui com ele, não conseguimos descobrir nada, não tem nada até agora que indique algum tipo de crime cometido pelo Júlio, mas, informado aqui pelo nosso inimigo, que não é tão má pessoa..."

Esse é o cenário que estamos presenciando se construir a cada dia, o que deixa pouco espaço para a justiça ser feita e para que eu receba de volta o dinheiro que paguei, devidamente corrigido, conforme determinado pelos desembargadores. Mas há uma resistência em cumprir essa determinação, por uma razão simples: as salas perderam valor, e agora eles não as querem mais. Eles querem que eu fique com as salas, mas se recusam a devolver o dinheiro, como ordenado pelo desembargador. Ou seja, estão cometendo crimes contra companheiros que já estão feridos.

É sempre oportuno, sempre é hora de recuperar e cuidar dos feridos, pois são nossos companheiros que estão nas trincheiras. E aqueles que lutam ao nosso lado são mais importantes do que a própria guerra. O contrário disso representa uma inversão de valores civilizacionais.

A renomada antropóloga Margaret Mead, ao ser questionada por estudantes sobre o momento em que ocorreu a ruptura entre a barbárie do instinto primitivo e a civilização humana, surpreendeu a todos com sua resposta. Em vez de citar artefatos como facas ou panelas, ela mencionou um fêmur fraturado e recuperado, encontrado em uma escavação arqueológica de 15.000 anos atrás.

Um adulto com um fêmur recuperado significa que ele recebeu cuidados por pelo menos 50 dias, sendo tratado, alimentado, limpo e amado por aqueles que o protegiam, provavelmente membros de sua família ou núcleo social. Esse momento, segundo Margaret Mead, marca o surgimento da civilização, pois demonstra a capacidade humana de empatia, solidariedade e cuidado com o próximo, protegendo-o das ameaças externas.

Portanto, faço um apelo aos dirigentes de fundos de pensão que ainda mantêm pessoas sob perseguição: recuperem seus feridos, pois isso é um sinal de civilização. Para aqueles que desejam aderir à barbárie, basta conversar com o inimigo, que todos sabemos quem é e o que representa, ele entende de barbárie. Nós, da esquerda, entendemos de solidariedade.

Pizzolato:

Tive o privilégio de assistir, no final do ano passado, a uma sessão na OAB onde o filho do antigo proprietário da Panair relatou como, após mais de 60 anos, foi reconhecido que a empresa fora levada à falência por não ter apoiado o golpe militar. Isso evidencia que a luta que enfrentamos é muito mais ampla e complexa.

Talvez seja oportuno, neste momento, adotarmos uma abordagem mais didática para compreendermos por que a Lava Jato, iniciada há 10 anos, desencadeou um processo de destruição do país. Embora o *lawfare* seja uma prática mais antiga, a Lava Jato se tornou seu expoente máximo. Nos últimos dois ou três anos, informações começaram a vir à tona, revelando uma tentativa de encobrir os crimes cometidos por aqueles que se autointitulavam paladinos da justiça.

Inclusive, o Conselho Nacional de Justiça propôs uma investigação sobre Moro, o juiz que liderou a operação. A cada dia, tomamos conhecimento de novos crimes perpetrados em nome de uma suposta justiça, envolvendo figuras como Deltan Dallagnol, delegados da Polícia Federal e outros que contribuíram para a devastação da economia nacional, a prisão de líderes e, em última instância, a morte de pessoas.

Parte dessa metodologia, que agora sabemos ter sido empregada na Lava Jato, também foi utilizada na *Greenfield*. A única diferença é que não houve a participação de um *hacker* neste último caso. No entanto, algumas das informações reveladas pelo *hacker* da Lava Jato fazem referência à *Greenfield*.

Diante disso, gostaria de saber: em que estágio se encontra a operação *Greenfield* atualmente? Houve alguma decisão recente por parte do Ministério Público ou do juiz responsável? Ou o caso permanece estagnado, em escaninhos, como tantos outros, para assim manter a tortura?

Antes de abordarmos o estado atual da operação *Greenfield*, é crucial discutirmos o papel da mídia nesse processo. Logo no início dessa perseguição relacionada aos fundos de pensão, fui alvo de uma campanha difamatória em 125 jornais de 105 cidades. A notícia, sempre a mesma, era disseminada por agências que a impulsionavam nas redes, alcançando diversos jornais de menor porte.

A narrativa construída era a de que eu, Júlio Neves, ex-diretor da Caixa, havia sido alçado ao cargo de diretor da Funcef como uma espécie de prêmio, e que lá teria cometido falcatruas envolvendo vendas e compras irregulares de patrimônio.

Essa narrativa difamatória foi amplamente divulgada. Entretanto, quando surgiu uma notícia sobre Anselmo Lopes, o procurador-chefe da *Greenfield* – uma espécie de Deltan Dallagnol da operação – informando que ele havia deixado o caso para assumir outra função, decidi agir. Enviei uma mensagem ao *ombudsman* da Folha, informando que dispunha de um relato sobre a atuação de Anselmo. Fiz um breve resumo da perseguição que sofri e da farsa que envolvia a questão das oito salas.

Imediatamente, o *ombudsman* encaminhou minha mensagem a um jornalista da redação, que, coincidentemente, era o autor da notícia sobre Anselmo. A resposta que recebi foi desanimadora: "Não temos interesse nesse tipo de reportagem!". Ou seja, sequer se dispuseram a ouvir o outro lado da história.

Pizzolato, respondendo como estão as coisas atualmente. Fui chamado pela Funcef, ainda na gestão anterior, para negociar um acordo referente às salas comerciais. Isso ocorreu antes da nova equipe do governo Lula assumir. O funcionário, cujo nome é Bruno (posso mencioná-lo aqui), iniciou a conversa de forma peculiar e propondo: "Júlio, fique com as salas, vamos encerrar esse assunto. Cada um arca com os respectivos honorários de seu advogado e damos o caso por encerrado."

Dei corda, prolongando a conversa. Argumentei que havia outras questões pendentes, como o CTA e a ação na Justiça Federal. Ele, porém, demonstrou desinteresse: "Não, não, não quero saber de CTA, desconheço isso... E a ação na Justiça Federal também não me interessa. Quero apenas resolver a questão das escrituras das salas..."

Continuei a alimentá-lo com informações, enquanto ele insistia no acordo. Questionei o porquê da pressa e argumentei: "O Ministério Público precisa se manifestar, pois há uma denúncia em curso na Justiça Federal, além das ações em andamento..." Ele, então, afirmou: "Não, já conversamos com o Anselmo, e ele garantiu que o que acordarmos aqui está valendo". Ou seja, a decisão está nas mãos de quem quiser decidir, pois eu (Anselmo) já estou fora do negócio.

No final, quando ele fez essa declaração, revisei a gravação que fiz da conversa (sim, gravei tudo!) e constatei que ele havia mentido no início para me enrolar no final, quando reconhece que estava sempre conversando com o Anselmo do Ministério Público.

Essa ação na Justiça Federal ainda aguarda sentença, pois o juiz Vallisney, responsável pelo caso, assumiu o cargo de Desembargador em Minas Gerais. O juiz substituto, até o momento, não proferiu decisão. Contudo, há uma sentença pronta, visto que todas as testemunhas foram ouvidas, incluindo eu e minha sócia, que sofreu imensamente com toda essa situação.

Minha sócia não merecia o que passou. Isso é algo que jamais perdoarei. Um dia, todos saberão da verdade, pois ela não tinha qualquer envolvimento com política. Era uma técnica excepcional, uma mulher maravilhosa e mãe dedicada. A perseguição que sofreu a fazia acordar chorando todos os dias... Chegava ao escritório, sentava-se à minha frente e chorava, com medo de que a Polícia Federal invadisse sua casa para apreender o computador de seus filhos. Ela sofreu muito e teve consequências graves para sua saúde, assim como eu.

Resiliência e estoicismo têm seu preço. Enfrentei câncer de próstata, insuficiência cardíaca e pulmonar, apneias... Tive que emagrecer e realizar verdadeiros malabarismos para sobreviver, mas resisti.

No entanto, o que fizeram com minha sócia é imperdoável. Quero deixar claro que um dia eles pagarão por isso. O recado que envio àqueles que insistem nessa perseguição vem da música de Sivuca, "Adeus Maria Fulô": "Enxugue seu pranto de dor, porque a seca mal começou." Daqui para frente, farei disso uma bandeira. Não tenho mais interesse em dinheiro ou em nada que esses indivíduos pensem que me tortura. Torturado eu já fui. Agora, falta erguer essa bandeira e, junto aos companheiros perseguidos e feridos, exigir uma postura diferente, para que esse problema seja resolvido e possamos continuar trabalhando pelo país que sonhamos ao lado do nosso Presidente.

É isso que quero registrar aqui, enviando este recado a todos que são vítimas, cujas feridas não são vistas e curadas.

É a primeira vez, em nove anos, que compartilho, emocionado, um relato como este, contando um pouco da história que vivenciamos e que parece não ter fim. Contudo, lamento registrar que já se passou um ano e meio desde a posse do novo governo, e o espectro da perseguição, da falta de empatia e solidariedade continua presente.

CLÁUDIO DI MAURO

Foto: Reprodução/YouTube/A Voz Trabalhadora

O Professor Cláudio Antônio de Mauro nasceu em Lins, São Paulo, foi prefeito do município de Rio Claro por dois mandatos, cursou bacharelado e licenciatura em Geografia, mestrado e doutorado na Universidade de São Paulo, onde foi recebido pelo Professor Aziz Nacib Ab'Saber e foi orientando da Professora Olga Cruz. Trabalhou na Divisão de Geomorfologia do Projeto Radambrasil, onde fez mapas e relatórios, foi coordenador da Comissão de Meio Ambiente da Associação dos Geógrafos Brasileiros (AGB) Nacional, atuou como docente na Unesp, Campus de Rio Claro, e na Universidade Federal de Uberlândia, de onde se aposentou recentemente. Foi presidente dos Comitês das Bacias Hidrográficas do Rio Piracicaba, Capivari e Jundiaí, assessor da Agência Nacional de Águas (ANA), além de integrar as comissões organizadoras do Simpósio Brasileiro de Geografia Física e do Primeiro Encontro de Geógrafos da América Latina.

Sandra:

Começamos agora mais uma entrevista do "*Lawfare* Nunca Mais", insistindo, teimando em denunciar os absurdos da perversidade operada pela guerra jurídica. Nós, aqui, construímos caminhos de enfrentamento contra essa guerra e o resgate de suas vítimas. Não desistimos, não nos entregamos, porque somos cercados e cercadas de guerreiros e guerreiras, como a companheira Cleide Martins, que divide esta entrevista comigo, assim como o companheiro Henrique Pizzolato. Ambos me inspiram, me alimentam, me ressuscitam.

Temos o privilégio de entrevistar o querido Professor Cláudio de Mauro, vítima do *Lawfare*.

Cleide:

Então, o professor, tendo exercido essas missões tão importantes, sem contar o trabalho como prefeito duas vezes eleito na cidade de Rio Claro, exercia um papel fundamental relacionado à água, relacionado ao tão negligenciado meio ambiente, negligência esta que causa os eventos extremos que temos assistido.

Sua bonita trajetória se parece com a de muitos outros jovens que sonhavam mudar o mundo, que se organizaram junto à igreja, ao movimento sindical e partidário, vivendo o sonho de uma sociedade justa, igualitária e fraterna. Conte-nos como foi viver esse sonho que o convocou à luta por direitos.

Cláudio:

Quando o João Goulart, o Jango, assumiu a presidência da república, meu pai o acompanhava, assim como acompanhava o Leonel Brizola. Quando tivemos a infelicidade de enfrentar o golpe empresarial militar em 1964, meu pai presidia o então glorioso PTB numa cidade do interior de São Paulo, chamada Lins e, como amigo do Brizola, amigo do Jango, passou a ser perseguido. A promessa era de prendê-lo.

Então eu, um jovenzinho de 15 anos de idade que não entendia bem o que estava acontecendo, para defender meu pai, dormia com pedras embaixo do travesseiro, com pedaços de paus debaixo da cama, porque eu achava que dessa maneira eu poderia o defender e não permitir que meu pai fosse levado.

Devido à minha inocência juvenil, acreditei ser capaz de enfrentar as armas empregadas pelos militares para deter manifestantes munido apenas de pedras e paus. Foi nesse contexto que minha vida começou a se entrelaçar com ações políticas. Carregando a história de luta do meu pai e a força da minha mãe, uma mulher guerreira, firme e dedicada, que sempre apoiou a trajetória de vida do meu pai mesmo cuidando de uma família com seis filhos. Meu pai era um homem muito trabalhador, mesmo assim enfrentava dificuldades significativas. Por isso minha mãe, grávida da minha irmã caçula, concluiu o curso de acordeão para se tornar professora de música. Ela lecionou no Conservatório Musical de Lins, que pertence aos meus tios, e foi lá que também iniciei minha carreira profissional.

Essa sensibilidade, essa visão humanística que carrego, acredito ser fruto, em parte, dessa bagagem familiar. A família desempenhou um papel fundamental na minha formação. E, naturalmente, minha formação em Geografia, com licenciatura e bacharelado pela Faculdade Auxilium de Filosofia, Ciências e Letras de Lins, uma instituição administrada por freiras, também foi essencial. Lá, encontrei apoio e compreensão, pois as irmãs conheciam a perseguição que minha família sofria devido às ações políticas do meu pai, e me ofereceram abrigo.

Com o apoio recebido, tornei-me monitor na área de geologia dentro da faculdade. Isso me motivou a buscar o mestrado em São Paulo, onde fui acolhido pelo Professor Aziz Ab'Saber. Aziz se tornou um amigo, recebendo-me com atenção e carinho. Apesar da idade avançada, ele teve a sensibilidade de enxergar potencial em um jovem com formação ainda em desenvolvimento. Seu acolhimento foi fundamental para que eu concluísse meu mestrado e doutorado na Universidade de São Paulo, sob orientação da Professora Olga Cruz. Ao final do mestrado, recebi o convite para me mudar para Belém do Pará e trabalhar no Projeto Radam, posteriormente renomeado para RadamBrasil.

Participamos, então, da elaboração dos mapas da Amazônia. Coube a mim mapear a região sob a perspectiva da geomorfologia, área de especialização do Professor Aziz Ab'Saber, consolidando assim minha formação acadêmica e profissional. Após um período residindo em Belém do Pará, fui transferido para Salvador, onde havia a necessidade de estabelecer uma base de trabalho. Lá, dediquei-me ao mapeamento do Nordeste e parte do Sudeste. Posteriormente, fui transferido para o Rio de Janeiro devido a um trágico acidente aéreo que vitimou algumas colegas, resultando na perda do trabalho que haviam realizado. Como já possuía experiência nesses mapeamentos, fui designado para recuperar o material e dar continuidade ao projeto, passando a residir no Rio de Janeiro.

Enquanto residia no Rio de Janeiro, recebi a visita do Professor Antônio Christofoletti, um docente renomado da UNESP de Rio Claro, que me convidou para integrar o corpo docente da instituição. Inicialmente, hesitei em deixar o Projeto RadamBrasil, onde havia acumulado uma experiência sólida, com extenso trabalho de campo. Tive a oportunidade de percorrer toda a Amazônia por estradas, rios e ares, o que contribuiu significativamente para minha formação. No entanto, acabei sendo persuadido a aceitar o convite e me mudei para Rio Claro, onde resido atualmente. Prestei concurso para a UNESP, fui aprovado e, desde então, atuo como docente na instituição.

Devo confessar que nunca fui uma pessoa tranquila. Sempre fui inquieto e cheio de energia para realizar projetos. Ao chegar em Rio Claro, apesar da falta de recursos, desejava adquirir uma casa para minha família, pois sempre acreditei na importância de ter um lar próprio. Optei por um financiamento pelo Sistema Financeiro de Habitação, e assim começamos a pagar por nossa casa. No entanto, o Banco Nacional da Habitação (BNH) passou a aplicar aumentos nas prestações que superavam os reajustes salariais, tornando o pagamento cada vez mais difícil. Como professor universitário, reconhecendo meu papel e prestígio na comunidade, liderei a criação da Associação de Mutuários do Sistema Financeiro de Habitação em Rio Claro. Enfrentamos o sistema financeiro e obtivemos diversas conquistas.

Nossa luta beneficiou centenas de pessoas, garantindo que os reajustes das prestações habitacionais fossem limitados aos índices de reajuste salarial. Foi uma batalha árdua, porém gratificante e com resultados positivos. Essa experiência me aproximou da comunidade local, fortalecendo meu desejo de dialogar com os moradores dos bairros e periferias.

Mas, Henrique Pizzolato, seu sorriso radiante é contagiante! É reconfortante vê-lo sorrindo, mesmo diante das adversidades que tem enfrentado. Sua vibração e resiliência são inspiradoras, meu querido amigo!

Pizzolato:

Como disse um amigo sulista com quem conversei recentemente, muitas vezes sorrimos para disfarçar a tensão.

Hoje vivemos a tensão dos eventos naturais extremos, consequência do negacionismo. Você, com sua vasta experiência em geologia e recursos hídricos, adquirida em suas andanças pelo Brasil, sabe que, como afirma o Papa Francisco, "Deus perdoa sempre, os homens algumas vezes, e a natureza nunca". Que essas tragédias nos impulsionem a um novo patamar de consciência ambiental.

Ao mencionar sua experiência com o BNH, recordo-me de nossa geração, toda ela hoje de cabelos brancos, e de como, no Rio Grande do Sul, mobilizamos milhares de mutuários através de uma Federação. A FRACAB - Federação Riograndense De Associações Comunitárias e de Amigos de Bairros. Conquistamos uma liminar que impedia o reajuste das prestações do BNH acima dos índices salariais, obtendo uma grande vitória. Essa conquista, Cláudio, reflete o espírito e as ações de uma geração que ousou sonhar e lutar por seus ideais.

Seu envolvimento em movimentos sociais e populares, na luta por igualdade dentro da igreja e em outras frentes de militância, o conduziu, de forma quase natural, a assumir cargos públicos. Foi um desdobramento lógico de sua trajetória de luta, construída com base na confiança e na coerência entre discurso e ação. Sua eleição em Rio Claro, por mais de um mandato, demonstra o reconhecimento da população ao seu trabalho. Você sempre se dedicou a construir um modelo de sociedade pautado em um projeto político que visava fortalecer o Estado como protetor dos mais vulneráveis e promotor de políticas públicas que beneficiassem, principalmente, as camadas populares.

Durante seus mandatos como prefeito de Rio Claro, quais foram as ações e realizações mais relevantes e marcantes de sua gestão? E sobre as causas que você continua a defender até hoje, como a luta pela habitação popular, pelo meio ambiente e ecologia, em especial a questão da luta pela água, o que você gostaria de destacar como sendo o mais essencial e importante nesses movimentos?

O que mais tenho saudade é do orçamento participativo, de trabalhar com a comunidade na preparação do orçamento municipal. Sei que muitos, inclusive profissionais da área de Geografia, argumentam que o orçamento participativo não tem importância, que não fortaleceu os movimentos populares. Penso de forma diferente. As pessoas compreenderam como se elabora o orçamento, entenderam as receitas disponíveis. Realizei o orçamento participativo por sete anos seguidos, apenas no primeiro ano não o fiz, pois recebi o orçamento pronto do governo anterior. Digo "eu fiz", mas na verdade foi a nossa comunidade quem construiu coletivamente. Tínhamos uma equipe dedicada a trabalhar com o orçamento participativo.

Porto Alegre tem uma experiência extraordinária com orçamento participativo, iniciada com Olívio Dutra. Aprendi muito com os gaúchos nessa questão. Mas nós também formamos uma equipe em Rio Claro, e como profissional da área de Geografia e criador do Laboratório de Planejamento Municipal na UNESP, aprendemos a trabalhar com planejamento, levando em conta a necessidade de que o orçamento fosse bem embasado. Isso era muito importante.

Outro componente fundamental, que sempre me deixa animado quando lembro, foram as conferências da cidade que realizávamos. Tínhamos conferências temáticas - saúde, educação, segurança pública, criança e adolescente, entre outras áreas. Mas depois congregávamos tudo em uma grande Conferência da Cidade. Não era algo que você planejava de um mês para o outro. Em maio já começávamos os preparativos para a conferência de junho.

Nós fizemos 120 pré-conferências de preparação de uma das conferências, tivemos 4.500 pessoas participando, opinando. Realizamos um processo de encerramento que durou oito noites, das 19h às 21h30. Presidi essas oito mesas nas quais tivemos que votar 513 propostas apresentadas nas pré-conferências. A comunidade tinha um espaço ativo e aberto para participação. Para mim, o projeto de construção de uma sociedade justa e igualitária passa obrigatoriamente pela construção da democracia popular. É preciso chamar o povo para estar presente, para participar conosco, não apenas para nos ouvir, mas também para nos ensinar, pois a população detém conhecimento.

Aquele morador ribeirinho sabe até onde a água chega na hora da cheia, é ele quem deve nos ensinar, não somos nós que vamos lhe dizer onde a água alcança. Juntos, faremos o planejamento daquele espaço, daquele território, sempre cientes de que o território é fruto das relações de poder nele estabelecidas. Então, é muito importante que a população que habita esses territórios seja fortalecida, chamada para ter voz ativa, vista como alguém cuja participação precisa ser efetivamente valorizada.

Portanto, relato que o mais importante na minha gestão foi esse processo participativo, embora também tenham sido realizadas obras como viadutos, que por sinal receberam nomes em homenagem ao movimento negro. Nós promovemos a reunião do movimento negro nos diversos bairros da cidade para depois formar a Conferência Municipal da Comunidade Afrodescendente. Tudo isso foi um componente importante numa cidade com postura elitista.

Bom, como vocês sabem, eu sou geógrafo, então evidentemente o tema água é decisivo e fundamental para mim, assim como o território. Através disso, dediquei um enorme esforço no Departamento de Água e Esgoto da cidade. Nada de privatização, tínhamos que ter o serviço de água como serviço público, fortalecer o serviço público era absolutamente fundamental.

Esses são alguns dos componentes importantes. Nós começamos a fazer estações de tratamento de esgoto com recursos próprios do Departamento de Água, que era autônomo e pagava por elas. Tínhamos um planejamento para isso. Era uma forma de trabalhar que, infelizmente, o prefeito que me substituiu não seguiu. Seu argumento era que não precisava de planejamento, pois já sabia tudo o que tinha que fazer de cabeça.

Cleide:

Ontem o senhor nos falou de tantas outras realizações, além da importante questão do orçamento participativo, que todos os governadores e prefeitos deveriam adotar de verdade. Afinal, é o melhor chamado que a população tem para o exercício pleno da cidadania.

Também gostaria que o senhor fale sobre educação e saúde. Quais foram as principais realizações nessas áreas? Também que mencionasse a questão do lixão, pois fiquei muito emocionada e comovida ao ouvi-lo abordar esse tema ontem.

Vou pedir licença, contudo, para tocar nesse ponto crucial: todos precisamos saber o que despertou o ódio do "soberano Deus mercado" para elegê-lo como inimigo e persegui-lo da forma violenta como ocorreu. Qual foi a real motivação por trás daquela perseguição? Quais elementos o senhor identifica que o transformaram em um inimigo do mercado? Por que virou um inimigo? O que havia em suas ações como prefeito que contrariou tanto os interesses mercadológicos?

Cláudio:

Então vamos começar pela área da saúde. Contratei uma equipe para nos assessorar. Todos os meus secretários de saúde eram servidores públicos, nenhum vinha da iniciativa privada, de planos de saúde ou hospitais particulares. Eles pertenciam ao serviço público e, com isso, pude também contratar a empresa ConSaúde, cujo um dos proprietários era meu amigo de juventude, Ademar Artur Chioro, ex-ministro da Saúde. O Chioro foi um grande assessor, nos ajudou a fazer o planejamento da saúde e a implantar, por exemplo, os serviços de saúde mental.

Como prefeito, fiz questão de tratar a saúde mental e informar a população sobre esses serviços, para desmistificar que não é um problema ou o fim do mundo. As pessoas precisam manter a sanidade mental e o mundo atual exige essa preocupação. Então, fizemos o planejamento para implantar as Unidades Básicas de Saúde e iniciar o Programa Saúde da Família em Rio Claro.

Tive a oportunidade de conhecer em Cuba como funcionava o médico de família e aproveitei esse conhecimento, embora ciente de que não poderia aplicar integralmente aquele modelo devido à nossa legislação trabalhista. Mas foi muito importante implantar o Programa Saúde da Família numa perspectiva que nos aproximava daquela visão original aplicada em Cuba.

Então, trabalhamos colocando médicos pediatras para acompanhar os partos. As mulheres tinham que fazer de 6 a 7 exames pré-natais. Todo o sistema de vacinação foi implantado. Com essas medidas, conseguimos reduzir drasticamente a mortalidade infantil em Rio Claro. De 22 para cada 1.000 crianças nascidas vivas que não completavam 1 ano, baixamos para 9,4. Foi uma queda vertiginosa, fruto do trabalho de planejamento.

O Artur Chioro teve grande contribuição nisso, pois trabalhamos juntos. Ele dizia que gostava de trabalhar comigo porque eu era "dono da caneta", tinha coragem de tomar atitudes. A gente tomava atitudes com a caneta, mas depois paguei um preço por isso.

Vejam, o fato de não termos médicos do serviço privado cuidando da saúde no nosso governo foi importante. Fizemos um trabalho com a medicação, tínhamos um caderninho com 248 itens que eram fornecidos gratuitamente à população. Na verdade, não era de graça, pois a prefeitura pagava. Mas a pessoa que passava por atendimento público já saía com o medicamento em mãos.

Hoje, por exemplo, quando caminho pela rua, muitas pessoas ainda me chamam de 'prefeito', título que carrego desde aquela época, e lembram: "Antigamente, eu não precisava pagar por medicamentos". Saíam da farmácia pública com eles em mãos, porque entendíamos, através do programa de saúde da família, que não bastava apenas prescrever a medicação. Muitas vezes, não era suficiente apenas entregar os medicamentos para a pessoa, pois é essencial ter um acompanhamento. O programa de saúde da família proporciona esse acompanhamento, o que está diretamente vinculado à redução da mortalidade infantil. Há também um projeto de fortalecimento do interesse público e de garantir que as pessoas se sintam satisfeitas com o que recebem. Essa era uma contribuição que eu valorizo muito em relação à saúde. Há diversas outras questões que eu poderia estar contando para vocês, sobre por que isso despertou tanta oposição contra nós.

Tomemos, por exemplo, a questão da educação. No município de Rio Claro, oferecíamos educação para crianças, jovens e adultos que não haviam tido a oportunidade de completar seus estudos. E aí então a prefeitura, cumprindo com o que já é sua obrigação, atendia a essa necessidade. Observamos que, ao assumir a prefeitura, mais de 5.000 crianças eram transportadas de um lado para outro para irem às escolas. O que fizemos então? Decidimos descentralizar a educação. Por que precisaríamos de escolas tão grandes para tantas pessoas, quando poderíamos construir escolas menores, mais próximas das casas dos estudantes? Isso mudou o sistema e, inclusive, a estrutura de circulação pela cidade.

No meu entendimento, o transporte e uma boa mobilidade urbana são muito importantes. Eles se tornam ainda mais relevantes à medida que as pessoas estão mais próximas dos serviços públicos disponíveis, o que é um componente fundamental para a nossa administração.

Quanto a questão do aterro sanitário. Na verdade, quando assumi, o que tínhamos era um lixão terrível. As pessoas não apenas coletavam resíduos; elas disputavam espaço com os urubus e subiam em cima dos caminhões de lixo para pegar itens de seu interesse. Era uma luta constante por migalhas para sobreviver, inclusive buscando alimentos para levar para casa, já que, por muito tempo, o lixão serviu como uma fonte de alimentação para essas famílias.

O que fizemos então? Implementamos um aterro sanitário e procuramos apoiar aquelas pessoas que trabalhavam no antigo lixão. Oferecemos uma cesta básica mensal para todos que ali trabalhavam e ajudamos a estabelecer uma cooperativa de catadores. Sempre acreditei na economia solidária, que necessariamente envolve criar condições de trabalho dignas para as populações mais empobrecidas. Quero enfatizar que a economia solidária não é apenas para os miseráveis e pobres; ela também se aplica a grandes investimentos. Posso citar um exemplo da atividade desenvolvida aqui em Rio Claro com essa iniciativa.

No caso do aterro sanitário, as pessoas passaram a ter um local adequado fornecido e mantido pela prefeitura, equipado com telefone, energia elétrica e água. Implementamos baias de separação no galpão onde elas podiam então separar os resíduos. Realizamos um trabalho em que os próprios coletores iam até as casas para convencer as pessoas a separar os resíduos, distinguindo o que é limpo e seco do que não é. Os materiais secos eram levados para o local para uma separação mais detalhada. Com isso, conseguimos criar uma possibilidade para que essas pessoas tivessem uma sobrevivência digna, em um local limpo e adequado.

Além disso, eles passaram a ter direito a 13º salário e férias remuneradas. E, como eles já recebiam uma cesta básica, um dos maiores presentes que recebi na minha vida como prefeito ocorreu quando levamos a orquestra sinfônica para se apresentar para os catadores na cooperativa Coperviva. Ao final do evento, eles interromperam a apresentação da orquestra e disseram: 'Prefeito, queremos fazer uma homenagem a você. Agora, não queremos mais receber a cesta básica. Em vez disso, vamos lhe dar uma cesta de Natal de presente.' E me entregaram uma enorme cesta de presente. Imaginem, cerca de 25 a 30 famílias que sobreviviam a partir daquele espaço, daquela cooperativa, me oferecendo esse gesto. Para mim, isso foi emocionante demais, um momento que realmente valoriza o ser humano e me fez sentir que valeu a pena eu apanhar. Devo destacar que a dona Inair, mulher digna, ex catadora no "lixão" assumiu a liderança da Cooperviva. Fez a gestão com liderança e correção, merecendo o respeito de todos os demais membros da Cooperativa. Hoje devotamos respeito e sentimos saudades, porque ela faleceu recentemente. Sempre fiz questão de dizer para as nossas lutadoras da Cooperviva que as mulheres serão as grandes artífices da revolução popular.

Pizolato, apesar de todos os problemas que enfrentamos, Pizzolato, também celebramos muitas vitórias, que, infelizmente, nossos adversários políticos — que não são meros opositores, mas verdadeiros inimigos — preferem ignorar. Assim foi com Pizzolato, assim foi comigo e com muitos outros que optaram por não utilizar serviços privados de saúde, mas sim fortalecer o serviço público e a educação. Criamos alternativas de sobrevivência e trabalho para a população mais empobrecida. Evidentemente, isso tudo tem um custo político para nós.

Hoje, eu não tenho mais carteira de motorista, pois ela foi retirada e fiquei inelegível durante 12 anos. Esse período já passou, mas ainda há condenações que quero compartilhar com vocês. Fui condenado devido a uma situação que herdei ao assumir a prefeitura. Quando entrei, os profissionais da saúde estavam recebendo um acréscimo salarial que havia sido implementado por decreto pelo governo anterior, como uma resposta a uma rebelião do setor, devido aos baixos salários.

Este aumento foi concedido especificamente a esse grupo por meio de um decreto, o que sabemos que não é a forma correta de ajuste salarial no serviço público, pois tais ajustes, por Lei, devem ser aplicados de forma coletiva, e não para um grupo isolado. Quando assumi, esse aumento já estava sendo pago há três anos. Então, um promotor, que não havia exigido do prefeito anterior a reversão dessa medida, decidiu, após alguns meses da minha gestão, que eu deveria exigir que os funcionários devolvessem o dinheiro recebido durante esses três anos e meio, considerando que era reajuste indevido.

Recusei reduzir o salário dessas pessoas. Como sempre digo, eu prezo pela dignidade. Não poderia tomar uma medida dessas contra seres humanos, especialmente contra aqueles que trabalham tão arduamente pela saúde pública. Portanto, decidi assumir a responsabilidade por essa decisão.

Não, não farei isso. Decidi manter o pagamento e tentei resolver o problema por meio de um projeto de lei. Perguntam-se por que não legalizei a situação com um projeto de lei desde o início? Primeiro, porque legalmente não podia alterar o que havia sido implementado na gestão anterior, mas ainda assim tentei. Porém, meus adversários políticos, que tinham maioria na Câmara, claramente não são apenas opositores; eles são verdadeiros inimigos que visam nos destruir. Eles queriam me ver em apuros, por isso não permitiram que o projeto de lei fosse aprovado. Mas eu não suspendi o pagamento. Vocês podem entender agora por que Arthur Chioro dizia que gostava de trabalhar comigo; eu tinha a caneta e a coragem para usá-la.

Mantive minha posição, o que, evidentemente, gerou um processo judicial. Em primeira instância, meu nome foi excluído do caso porque não fui eu quem fez o ajuste por decreto, foi o prefeito anterior. No entanto, mantive o pagamento, e isso levou a mais complicações judiciais. O promotor, que era abertamente partidário e apoiava meus adversários durante as eleições, achava que eles ganhariam. Eles não esperavam nossa vitória, que foi tão difícil quanto a vitória de Lula.

Vocês conseguem imaginar o que é uma cidade no interior de São Paulo, com uma terrível tradição de estruturas de poder arraigadas? Pois bem, essas questões foram perfeitas para me incriminar. E houve outras situações semelhantes que me colocaram em uma posição muito delicada. Passei por momentos realmente difíceis aqui, gente. Todos os meus bens foram bloqueados, inclusive as contas bancárias minhas e da minha esposa, sobre as quais não podíamos mais movimentar dinheiro. Até a minha casa, que é um bem de família, eles tentaram tomar. Quando estava na Universidade Federal de Uberlândia, chegaram a reter 30% do meu salário, tudo isso como consequência da nossa coragem de administrar com foco no interesse público.

Sandra:

Permita-me fazer uma pequena interrupção para lembrar de incluir nesta história tão rica e tão injusta, se nos processos judiciais e nas agressões concretas que enfrentou houve participação da mídia. Houve ataque midiático nessas acusações infundadas que continuam a lhe assombrar atualmente?

Quando assumi a gestão em Rio Claro, a cidade contava com três jornais diários. Imaginem, três periódicos diários em uma só cidade! No entanto, em 1996, cada um desses jornais recebia R$ 15.000 por mês, o equivalente ao preço de um Fusca naquela época. Eu costumava dizer que cada jornal recebia um Fusca por mês. Obviamente, eu não podia continuar com esse tipo de despesa, principalmente porque o pagamento parecia ser uma forma de evitar críticas à minha administração. Portanto, decidi instituir um processo licitatório. A partir de então, apenas o jornal vencedor do processo poderia publicar matérias oficiais da prefeitura. Esse era um arranjo temporário até que pudéssemos estabelecer uma imprensa municipal.

Esse movimento, naturalmente, causou alvoroço na imprensa local. Além disso, havia um ex-vereador, também radialista, que se destacava por programas de assistencialismo, como a distribuição de cadeiras de rodas e alimentos. Esse tipo de mídia, baseada no clientelismo, era um desafio. A esposa dele, que tinha um cargo de confiança na prefeitura antes de minha gestão, raramente aparecia para trabalhar, indo à prefeitura somente nos dias de pagamento. Claro que era insustentável manter essa situação. Quando decidi não renovar o contrato dela, o radialista me ameaçou, dizendo que "iria acabar comigo".

Uma rádio seguia minha mulher todos os dias quando ela ia levar uma cesta básica. Ela só entregava para quem tinha o controle do serviço social da prefeitura. Mas eles a fotografavam e acusavam de clientelismo. E isso comigo também, a três por dois. Eu caminhava sozinho pelas ruas da cidade, algo que a mídia simplesmente não conseguia entender. Questionavam constantemente como eu poderia andar sem segurança ou capatazes, insinuando que isso indicava uma falta de companheiros, como se eu estivesse abandonado. No entanto, a realidade era bem diferente. Fui não apenas eleito, mas reeleito com um número ainda maior de votos do que na minha primeira campanha. Isso refletia o amplo apoio popular que eu tinha, um claro indicativo de que a comunidade reconhecia e valorizava meu trabalho e minha proximidade com as pessoas.

Desenvolvi um projeto chamado 'Vamos Conhecer Rio Claro'. A ideia central era que, de modo geral, as pessoas conhecem apenas o bairro onde moram, os caminhos para o banco ou a escola, mas não a cidade como um todo. Então, como professor de geografia e bom comunicador, eu liderava esse projeto pessoalmente. Semanalmente, conduzia grupos de moradores em um ônibus, transformando o passeio em uma verdadeira aula de geografia. Durante o percurso, eu apontava características importantes da cidade, discutia problemas que precisávamos resolver e incentivava todos a participarem ativamente das decisões sobre nosso futuro. 'Olhem nossa cidade, vejam isto, notem esse desafio que precisamos enfrentar. Vocês precisam me ajudar a identificar alternativas', eu dizia. As discussões geradas nesses passeios eram levadas para as conferências municipais e reuniões dos conselhos, garantindo que as preocupações originassem dos próprios cidadãos que suas demandas fossem atendidas.

Falando em cidadania, parte do nosso esforço incluía o orçamento participativo. Quando as pessoas aprendem como o orçamento é montado e veem que não é algo decidido a portas fechadas, mas que elas podem opinar e participar, isso fortalece o senso de comunidade e cidadania. Por isso, em parceria com a Universidade Federal de Uberlândia e a UNESP, estamos oferecendo um curso de extensão gratuito chamado 'Educação Política e Gestão Municipal'. Esse curso é online e já conta com 1768 inscritos, tendo alcançado mais de 3000 participantes na abertura.

O objetivo do curso é promover a formação política. A programação é de alta qualidade, com professores renomados como Arthur Chioro, enquanto eu me limito a coordenar as atividades sem ministrar aulas, para evitar qualquer insinuação de que estaria usando o espaço para promoção pessoal. Na semana passada, tivemos a presença de Margarida Salomão, prefeita de Juiz de Fora, e minha querida amiga Márcia Lucena, ex-prefeita de Conde, ambas contribuindo significativamente para o curso.

Cleide:

É interessante observar as semelhanças entre as gestões de orientação petista, e o como essas abordagens são frequentemente vistas pelo mercado como ameaças, como bem destaca a Márcia Lucena e o Leonardo Deptulski, ambos ex-prefeitos de suas cidades.

Entrevistamos Fernando Pimentel, ex-governador de Minas Gerais, que compartilhou que um dos orgulhos de sua gestão como prefeito de Belo Horizonte foi a implementação do orçamento participativo. Similarmente, Márcia Lucena, em seu mandato, não só adotou o projeto de orçamento democrático, que se assemelha ao orçamento participativo, mas também desenvolveu o 'Alô Comunidade'. Nesse projeto, ela dialogava semanalmente com a população nas praças da cidade, uma iniciativa que lembra o seu projeto de ônibus.

A questão que emerge claramente aqui, e que merece ser profundamente analisada, são as razões pelas quais o mercado deflagrou uma guerra de '*lawfare*' contra vocês, dentro deste estado de exceção onde três elementos estão integrados: o soberano, que é o 'Deus mercado'; o inimigo, que é aquele que contraria o mercado; e a manipulação das leis. Desde o início, você foi alvo de acusações legais por ações realizadas por prefeitos anteriores, uma situação que também atingiu Leonardo Deptulski. Ele não só herdou um Termo de Ajuste de Conduta, como também chegou a perder a própria casa, evidenciando a intensidade do conflito. Esses ataques legais, que visam usurpar até mesmo a residência de Pizzolato, ocorrem apesar do trabalho de vocês ser movido por idealismo, sem o objetivo de acumular riqueza.

Essas são as dinâmicas que precisamos entender e questionar, considerando o impacto profundo que têm sobre a política e a governança local.

Pizzolato:

Fico verdadeiramente emocionado ao relembrar nosso grande amigo, Dom Mauro Morelli, que recentemente perdemos. Ele foi uma grande inspiração para mim, especialmente durante sua passagem por Rio Claro. Dom Mauro frequentemente refletia sobre as tragédias que lamentamos, como a recente no Rio Grande do Sul, e me ensinou que tais catástrofes não são atos de forças sobrenaturais, mas sim consequências do egoísmo humano e da falta de solidariedade.

Chegando ao final de nossa conversa, gostaria de perguntar como você avalia as consequências das perseguições e incriminações que ocorreram em Rio Claro, onde se usou a justiça e leis distorcidas como ferramentas de ataque.

Cláudio:

Infelizmente, vimos parte do Ministério Público, que ajudamos a fortalecer na legislação, virar-se contra nós. Lembro-me quando recebi Zé Eduardo Cardoso, então presidente da Câmara em São Paulo e posteriormente eleito deputado federal. Ele estava envolvido com a Lei de Responsabilidade Fiscal, e eu o alertei que essa lei não servia para caçar malandros, mas sim a nossa gente. Zé Eduardo me tranquilizava dizendo que era necessário haver 'dolo' para que as acusações pudessem ser validadas, mas, infelizmente, eles encontram 'dolo' em qualquer ação nossa.

Nunca fui acusado de desviar dinheiro da prefeitura para benefício próprio, nem de enriquecimento ilícito. De fato, meu único bem é uma casa financiada pelo sistema financeiro de habitação, uma residência simples que pertence à minha família. Zé Eduardo argumentava que era necessário provar a intenção de cometer fraude, mas ele e sua equipe, temerosos de parecerem apoiadores de corrupção, evitaram confrontar esse aspecto da lei.

Não era a intenção deles apoiar a corrupção, mas eles permitiram que muitas pessoas, entre elas muitos prefeitos sofressem graves consequências injustamente. Eu poderia mencionar, pelo menos mais quatro ou cinco prefeitos, que passaram por situações dramáticas e trágicas também, assim como a que eu tive o infortúnio de enfrentar.

Evidentemente, após os ataques que sofri, quem assumiu o poder foi a direita. Daí, por exemplo, sobre o Departamento Autônomo de Água e Esgoto, sempre fui contra a privatização. Ao contrário, trabalhei para recuperar e equipar a estrutura existente, contratando servidores e desapropriando uma área para a implantação de mais uma usina de tratamento de esgoto. Tínhamos um projeto ambicioso: até 2010, pretendíamos ter 100% do esgoto coletado e tratado na área urbana, financiado com recursos próprios da prefeitura e com contribuições do Ministério da Cidade, da Saúde e da Agência Nacional de Águas.

No entanto, a pressão para privatizar o serviço em Rio Claro era intensa, especialmente porque as cidades vizinhas como Limeira já haviam privatizado seus serviços. Como presidente dos comitês da Bacia do Piracicaba Capivari Jundiaí, minha gestão era vista como um modelo a não ser seguido por aqueles que queriam expandir as áreas de privatização, daí eles me pressionarem tanto em Rio Claro. Eu resisti e não concordei com a privatização.

Após minha saída da prefeitura, a situação mudou rapidamente e o serviço foi privatizado, entregue a uma empresa privada sob o pretexto de 'concessão', que não deixa de ser uma forma de privatização. As consequências dessa decisão ainda são sentidas pela cidade, incluindo o financiamento de campanhas eleitorais para prefeitos e vereadores por essas empresas, para garantir a continuidade de seus contratos.

Este é apenas um exemplo entre muitos que demonstram a perda significativa para o município desde então, resultado de um *lawfare* praticado contra um governo municipal de esquerda que tinha como projeto a construção da justiça social e a transformação da realidade local. E estava acontecendo isso. Infelizmente, perdemos essa batalha, mas não vamos desistir. Continuaremos lutando para vencer outras no futuro. Não vamos cruzar os braços e deixar as coisas da maneira que estão.

BRENO ALTMAN

Foto: Reprodução/Instagram/@altmanbreno

Breno Altman é um observador atento da política, tanto em nosso país quanto no exterior, conhece com profundidade os fatos históricos que nos conduziram à conformação geopolítica atual e, a partir desse acúmulo, desde o início da recente batalha que vem dizimando o povo palestino, tem apresentado os fatos em seu contexto histórico, acompanhados da sua sempre brilhante análise dos eventos.

Cleide:

Em razão de expor o genocídio palestino perpetrado por Israel, você tornou-se alvo da perseguição por meio do sistema judicial em nosso país, e essa perseguição se dá no interesse de uma parcela de uma nação estrangeira. Como essa guerra de narrativas tem sido difundida ao redor do mundo para justificar esses ataques contra o povo palestino?

Breno:

A questão Israel-Palestina, Sandra, Pizzolato, Cleide, transcende a mera disputa territorial. É, antes de tudo, um embate de narrativas com raízes profundas na história. O sionismo, longe de ser um fenômeno recente, carrega consigo uma trajetória complexa e controversa. Ele se ergueu como resposta, talvez extrema, a um problema igualmente extremo: o antissemitismo. A perseguição secular aos judeus encontrou no sionismo a proposta da criação de um Estado-nação, um refúgio, um lugar seguro.

Todavia, a solução proposta, a criação de um Estado explicitamente judeu, traz consigo a sombra da discriminação, da supremacia étnica, como se a cura pudesse ser extraída do próprio veneno. O Holocausto, a manifestação máxima do ódio antissemita, conferiu ao projeto sionista um peso moral inegável. A barbárie nazista e o extermínio de seis milhões de judeus impulsionaram a criação do Estado de Israel, amparado num consenso internacional forjado na indignação e na compaixão.

É nesse ponto que reside a complexidade da questão: a busca por segurança e autodeterminação para um povo que, argumenta-se aqui, não constitui uma nação no sentido tradicional. Os judeus, deixaram de ser uma nação há dois mil anos, dispersos pela diáspora, absorvidos por diferentes culturas e nacionalidades. A proposta sionista, nesse contexto, não representaria a autodeterminação de um povo sem Estado, mas a construção artificial de um Estado racial, amparado na tragédia do Holocausto. A legitimidade conferida pelo massacre brutal de judeus serviu para justificar um projeto intrinsecamente excludente e discriminatório.

O sionismo, ao longo do tempo, não apenas se apropriou, mas também manipulou o sofrimento judaico e a memória do Holocausto, transformando-os em justificativas para estabelecer e expandir um regime marcado por características raciais supremacistas e colonialistas. Esta doutrina ideológica tem suas raízes no projeto de construir um estado de supremacia racial especificamente na Palestina, que é reconhecida historicamente como a antiga Canaã e, mais remotamente, como o lar ancestral dos judeus há cerca de dois mil anos.

O sionismo, ao ser implantado na Palestina — um nome imposto pela redefinição do Império Romano — enfrentou a realidade de uma demografia predominantemente árabe e muçulmana, que constituía cerca de 85% da população local, enquanto os judeus representavam apenas 5%. Portanto, o estabelecimento de um estado judeu na região, com características de supremacia racial, apresentava-se também como uma empreitada colonial. Ao buscar a fundação de um estado em território predominantemente ocupado por outro povo, a resolução desse impasse histórico e demográfico manifesta-se inevitavelmente por meio de práticas coloniais: a expulsão, o extermínio ou a subjugação desse povo aos ideais e ordens do regime implantado. Esta é a essência do impacto do sionismo sobre o povo palestino, representando uma imposição que reconfigurou profundamente as dinâmicas sociopolíticas e culturais da região.

A crítica ao sionismo frequentemente gira em torno de sua apropriação e instrumentalização do antissemitismo e da memória do Holocausto como estratégias de legitimação política e moral. O Presidente Lula, ao abordar este tema, apontou para uma profunda e contundente contradição na narrativa sionista. Ele destacou como paradoxal o fato de um regime, que se fundamenta na memória da perseguição e do extermínio sofrido pelos judeus durante o Holocausto, adotar práticas opressivas e destrutivas muito semelhantes contra o povo palestino.

Este ponto de inflexão na discussão evidencia a complexidade e a tensão inerente à reivindicação histórica do sionismo sobre o Holocausto. A menção ao Holocausto serve, muitas vezes, como um escudo contra críticas, enquanto práticas que espelham os atos de violência históricos são perpetradas. O Presidente Lula, ao tocar nesta "grande ferida", desafia a narrativa estabelecida e propõe uma reflexão crítica sobre a legitimidade e as consequências éticas das políticas adotadas pelo regime sionista.

A relação entre o sionismo e o nazismo é complexa e marcada por uma série de contradições. Enquanto muitos judeus foram brutalmente perseguidos pelo regime nazista e se opuseram a ele, o sionismo como movimento apresentou respostas variadas. Alguns grupos sionistas engajaram-se na luta contra o nazismo, especialmente após a clareza da ameaça que este representava. No entanto, outros segmentos dentro do movimento sionista estabeleceram acordos com o regime nazista.

Esses acordos, frequentemente motivados pela urgência de facilitar a emigração de judeus para a Palestina, refletem uma prioridade controversa dentro do sionismo. O foco não estava exclusivamente em combater o nazismo ou impedir o Holocausto, mas em garantir que a perseguição dos judeus na Europa catalisasse a migração para a Palestina, consolidando assim a colonização e o estabelecimento do estado judaico no território. Esta faceta da história sionista destaca a complexidade das motivações e das decisões tomadas em um contexto de extremo sofrimento e desespero.

O Acordo Haavara é um exemplo emblemático das complexas e, muitas vezes, controversas relações entre alguns setores do movimento sionista e o regime nazista. Estabelecido em 1933 e mantido até 1938, esse acordo foi fruto de negociações entre a Federação Sionista da Alemanha e o governo de Adolf Hitler. Ele permitia que judeus alemães emigrassem para a Palestina, uma prerrogativa crucial numa época de crescente perseguição. Importante ressaltar, esses emigrantes tinham a possibilidade de transferir seus ativos financeiros para a Palestina, mediante o pagamento de um imposto de 25%.

Além disso, o acordo incluía um componente econômico significativo: os ativos transferidos deveriam ser utilizados na compra de produtos alemães. Isso ocorria em um momento em que já existia um movimento internacional de boicote aos produtos alemães devido à natureza racista do regime nazista. O Haavara, portanto, serviu simultaneamente como uma válvula de escape para judeus que buscavam refúgio da perseguição nazista e como um meio de apoio econômico ao regime de Hitler, facilitando a continuação das exportações alemãs em face dos boicotes.

Até 1938, calcula-se que cerca de 1,7 bilhão de dólares em valores atuais tenham sido transferidos para a Palestina sob este acordo, fundos que foram utilizados para fortalecer o projeto sionista na região. Contudo, a política de Hitler mudou drasticamente após 1938, com a escalada de violência durante a Kristallnacht e a transição para a política da Solução Final, marcada pelo extermínio sistemático dos judeus. Isso resultou no rompimento do Acordo Haavara.

Já em 1941, estava estabelecida a chamada "Solução Final" - termo cunhado pelo próprio regime nazista para se referir ao extermínio em massa dos judeus. A partir de determinado momento da Segunda Guerra Mundial, os judeus se tornaram imprestáveis como mão de obra escrava, visto que se encontravam em estado de inanição extrema, sem forças para o trabalho forçado. Nesse cenário, o enorme custo de manutenção dos campos de concentração passou a não mais compensar os interesses do regime alemão.

Foi então que as autoridades nazistas, além de buscarem se livrar dos gastos com os prisioneiros judeus, resolveram também apagar todos os vestígios e provas de seu comportamento racista e genocida até então. Decidiu-se, portanto, pela completa eliminação da população judaica remanescente nos campos. Um clímax da política de extermínio racial pregada pela ideologia nazista que ficou conhecido como a trágica "Solução Final" para a chamada "Questão Judaica".

Em 1941, enquanto a Solução Final começava a se desenrolar, o grupo sionista Lehi, conhecido como Gang Stern devido à liderança de Abraham Stern, apresentou uma proposta audaciosa aos nazistas. O grupo, disposto a lutar ao lado da Alemanha contra o Reino Unido, buscava, em troca, a facilitação da expulsão de judeus dos territórios sob domínio nazista para a Palestina. A ambição do Lehi, liderado por Stern até seu confronto fatal com a polícia britânica em solo palestino, estendia-se além da mera expulsão: almejava o apoio alemão na fundação de um Estado judaico na Palestina. Apesar da ousadia da proposta, o regime nazista jamais respondeu às solicitações do grupo.

Após a morte de Abraham Stern, a liderança do grupo Lehi passou para Yitzhak Shamir, figura que ocuparia o cargo de primeiro-ministro de Israel em dois períodos: 1983-1984 e 1986-1992. Shamir é apontado como responsável pelo massacre de Deir Yassin, um dos mais brutais ataques contra civis palestinos, vitimando mais de 120 pessoas, em sua maioria crianças, idosos e mulheres indefesas.

O Lehi, também conhecido como a Gang Stern, não foi o único grupo paramilitar sionista a perpetrar atos de violência contra a população civil palestina neste período. O grupo Irgun, classificado como terrorista pelas autoridades do Mandato Britânico, atacou dezenas de aldeias palestinas. Liderado por Menachem Begin, que viria a ser primeiro-ministro israelense entre 1977-1983, o Irgun ficou notório pelo atentado contra o Hotel Rei Davi em Jerusalém em 1946, que vitimou 91 pessoas, grande parte civis.

Os líderes destes dois grupos paramilitares sionistas radicais, Shamir e Begin, ascenderam posteriormente ao mais alto cargo político em Israel, trajetória que evidencia os laços indissociáveis entre os atos de violência fundadores do Estado israelense e o próprio establishment político-militar deste país ao longo de sua história.

Os três principais grupos paramilitares sionistas - Irgun, Lehi e Haganah (este último ligado à chamada "esquerda sionista") - uniram-se para dar origem às atuais Forças de Defesa de Israel. Oriundas de organizações classificadas como terroristas à época do Mandato Britânico na Palestina, estas milícias radicais formaram o embrião das forças armadas israelenses.

Figuras como Menachem Begin (Irgun) e Yitzhak Shamir (Lehi) protagonizaram atos de violência tão chocantes contra civis palestinos, a exemplo do Massacre de Deir Yassin e do atentado ao Hotel Rei Davi, que personalidades como Albert Einstein e Hannah Arendt chegaram a compará-los publicamente aos partidos nazista e fascista em uma carta aberta ao New York Times em 1948. Denunciavam que tais grupos propunham uma política de "limpeza étnica" e racismo contra os palestinos.

Não obstante, estes mesmos grupos paramilitares sionistas radicais formariam a espinha dorsal militar e política do futuro Estado de Israel. No âmbito militar, integraram as Forças de Defesa. No âmbito político, deram origem ao partido Herut, que juntamente com outras agremiações formou posteriormente o Likud - ao qual estiveram filiados líderes como Begin, Shamir e o atual primeiro-ministro Benjamin Netanyahu.

Há uma linha direta de continuidade entre os grupos sionistas rotulados como terroristas no passado e as principais lideranças políticas e militares que moldaram o Estado de Israel desde sua criação em 1948. Um vínculo indissociável com um histórico de atos de extrema violência contra a população civil palestina durante o Mandato Britânico.

O presidente Lula está certíssimo ao apontar a contradição entre o massacre dos judeus no Holocausto e o atual papel genocida do regime sionista israelense. Demonstrou coragem política ao colocar o dedo nessa ferida e denunciar esse regime pelo que realmente é: racista, colonial e genocida. Um regime político opressor que precisa ser desmantelado! Porém, isso não significa eliminar os judeus ou suas liberdades, mas sim se livrar de um sistema de opressão contra os palestinos e contra os próprios judeus.

Afinal, o regime sionista é hoje a origem de uma nova onda de antissemitismo. Seus crimes contra o povo palestino provocam ondas de ódio e nojo na humanidade, que infelizmente atingem todos os judeus. Isso porque o próprio sionismo, ao longo das décadas, se esforçou em dizer que sionismo e judaísmo eram a mesma coisa, que o sionismo representava a identidade e autodeterminação nacionais dos judeus. Por isso, para muitos, sionistas e judeus são vistos como uma coisa só, fazendo com que os crimes do regime sionista sejam injustamente atribuídos a todos os judeus.

Contudo, é imprescindível esclarecer constantemente que sionismo e judaísmo são conceitos absolutamente distintos, de modo que o antissionismo em nada se confunde com o antissemitismo. O sionismo configura-se como uma corrente político-ideológica específica dentro da vasta e diversificada identidade étnico-cultural do povo judeu. Opor-se ao sionismo significa se contrapor a uma ideologia particular, e não ao povo judeu como um todo, com sua rica pluralidade histórica, social e cultural.

Vamos fazer uma comparação histórica, vou apresentar duas situações ilustrativas: na Itália dos anos 1920, ser contrário ao fascismo — que, em determinado momento, pode ter contado com o apoio de até 60% da opinião pública italiana — era o mesmo que ser contra os italianos? Claramente, não. O fascismo representava uma vertente política, não uma característica intrínseca do povo italiano. De maneira similar, opor-se ao nazismo na Alemanha das décadas de 1920, 1930 e 1940 não equivalia a ser contra os alemães. O nazismo era uma corrente político-ideológica específica, não uma expressão da identidade alemã como um todo.

O mesmo raciocínio aplica-se ao sionismo. Conforme argumento no livro que publiquei, o sionismo é uma corrente político-ideológica de natureza colonial e racista. Não é sinônimo de judaísmo, que abarca a vasta diversidade político-ideológica dos judeus. Portanto, ser antissionista é uma postura política legítima; já o antissemitismo é um ato de racismo e um crime. Separar estas duas ideias é essencial para uma compreensão justa e precisa das dinâmicas políticas e sociais em questão.

Pizzolato:

No contexto do *lawfare*, a estratégia de combate jurídico e midiático envolve frequentemente a deslegitimação de adversários políticos, marcando-os com o estigma da corrupção. Já a acusação de antissemitismo surge frequentemente como uma ferramenta para silenciar e marginalizar aqueles que denunciam as injustiças e as ações violentas contra os palestinos. Ao rotular críticos do sionismo como antissemitas, cria-se um poderoso meio de dissuasão que busca desqualificar a crítica legítima por meio da associação com um preconceito racial e religioso condenável. Esse mecanismo não apenas obscurece a necessidade de um debate genuíno e crítico sobre políticas específicas, mas também impede um entendimento mais profundo dos conflitos e das questões de direitos humanos envolvidas. Assim, o estigma do antissemitismo é instrumentalizado, não para proteger o judaísmo ou os judeus de discriminação real, mas para proteger certas políticas e práticas de escrutínio e oposição.

Breno:

Perefeito! E, aproveitando que o tema central da conversa é *lawfare*, gostaria de traçar um paralelo pertinente. Como sabemos, o *lawfare* utiliza o sistema jurídico para perseguir e assim neutralizar adversários políticos por meio de condenações, muitas vezes os levando à prisão. No caso de vozes críticas ao sionismo, observamos uma variante do *lawfare* conhecida como SLAPP, sigla para "Strategic Lawsuit Against Public Participation" - que significa "demandas judiciais estratégicas contra a participação pública". Como sabemos, a palavra inglesa "slapp" se traduz por "estapear".

Em contraste com o *lawfare* tradicional, o objetivo principal do SLAPP não é necessariamente a condenação ou a prisão, mas sim o desgaste do alvo por meio de uma enxurrada de processos judiciais.

Essas ações, muitas vezes infundadas, visam exaurir os críticos física, financeira e emocionalmente, além de macular sua reputação.

O SLAPP é uma tática utilizada por diversos grupos há anos, e identifico um padrão preocupante de seu uso para silenciar críticas ao sionismo, especialmente vindas de vozes judaicas. O escritor e acadêmico americano Norman Finkelstein, conhecido por suas críticas contundentes à política israelense, é um exemplo emblemático. Ele foi alvo de diversos processos por difamação, incluindo um movido pelo historiador Alan Dershowitz. Apesar de Dershowitz ter perdido o processo, o caso gerou anos de batalhas legais e prejuízos financeiros para Finkelstein, que perdeu seu emprego como professor universitário e enfrentou dificuldades para publicar seus trabalhos.

Outro caso marcante é o da família de Rachel Corrie, a ativista americana morta por um bulldozer israelense em 2003, enquanto protestava contra a demolição de casas palestinas em Gaza. A família processou o Estado de Israel, que respondeu com uma série de ações legais que arrastaram o caso por anos, impondo um alto custo financeiro e emocional. O processo prolongado e as táticas legais agressivas impediram a família de obter justiça e geraram um efeito inibidor sobre outros ativistas.

Organizações também são alvo do SLAPP, como o Palestinian Center for Human Rights (PCHR). Em 2019, o PCHR foi alvo de uma campanha difamatória online por grupos pró-Israel, que os acusavam de terrorismo e antissemitismo. As alegações foram usadas para pressionar doadores a cortar o financiamento da organização, prejudicando sua reputação e limitando sua capacidade de operar.

Esses são apenas alguns exemplos da utilização do SLAPP para silenciar críticas ao sionismo. Essa tática covarde e antidemocrática visa sufocar o debate e perpetuar injustiças, representando uma séria ameaça à liberdade de expressão e ao debate democrático.

Pizzolato:
Bem-vindo ao time!

Breno:
As ações judiciais que enfrento frequentemente apresentam demandas absurdas e desproporcionais, claramente elaboradas para intimidar e gerar

pressão financeira, ao invés de buscar reparação real por danos. Para ilustrar, em uma das ações no âmbito cível, exige que eu pague um salário-mínimo a cada judeu brasileiro a título de indenização por danos morais e emocionais. Considerando uma comunidade judaica de aproximadamente 150 mil pessoas, isso representaria um valor total de cerca de R$ 210 milhões. É evidente que se trata de uma estratégia para me silenciar através de um processo longo e desgastante, com cifras exorbitantes que jamais seriam definidas por um juiz em um caso legítimo.

É evidente que nenhum juiz vai dar ganho de causa a uma maluquice desse tipo! Pedem contra mim, no plano criminal, que eu... que eu tenha todas as minhas plataformas suspensas nas mídias sociais, e que eu seja proibido de abordar a questão Palestina em lives, entrevistas ou manifestações presenciais, sob o risco, caso o faça, de ser decretada a minha prisão preventiva. Evidente que nenhum juiz vai dar ganho de causa a uma maluquice dessa! Isso é uma censura prévia que não existia nem no tempo da ditadura, porque a ditadura estabelecia esse tipo de censura prévia contra veículos: veículo A, B ou C, ou todos os veículos, não podiam abordar determinado tema. Nem a ditadura estabelecia censura prévia sobre indivíduos, proibindo indivíduos de tratar de determinados temas.

As ações extrapolam o limite do razoável e adentram o terreno do absurdo, evidenciando o objetivo claro de censura e intimidação. A ideia é me afundar em uma montanha de processos, de tal maneira que eu fique paralisado como uma voz crítica com o que ocorre na Palestina. Se foco na defesa de tantos processos, já estou neutralizado. No âmbito criminal, chegam a pedir a suspensão de todas as minhas plataformas nas mídias sociais e a proibição de abordar a questão Palestina em qualquer circunstância – seja em lives, entrevistas ou manifestações presenciais – sob pena de prisão preventiva. Essa pretensão equivale à censura prévia a indivíduos, algo inimaginável mesmo durante a ditadura militar no Brasil, que restringia temas em veículos de comunicação, mas não impedia indivíduos de expressar suas opiniões. É uma tentativa flagrante de calar um debate legítimo e cercear meu direito fundamental à liberdade de expressão.

Sandra:

Na análise do *lawfare* como a guerra jurídico-midiática que violou a soberania eleitoral em nosso país, nos deparamos com um planejamento meticuloso da estratégia, que incluiu o treinamento de policiais federais, juízes e promotores. Os treinamentos realizados têm como base o uso de manuais do Exército estadunidense. Exemplo: o TC 18-01, um guia que indica passo a passo como criar, manipular, cooptar e fazer uso da população de um país, de pessoas expoentes e de organizações dentro e fora dele. O WikiLeaks revelou documentos de um desses treinamentos e publicou o informe enviado ao Departamento de Estado dos Estados Unidos sobre o seminário realizado no Brasil, em 2009, no Rio de Janeiro, sob o título "Projeto Pontes – Construindo Pontes para a Aplicação da Lei no Brasil".

Contou com a presença de membros seletos, como juízes federais dos 26 estados brasileiros, policiais federais de todo o país – e a delegação tupiniquim era a maior delegação presente, comparando com as delegações do México, Costa Rica, Panamá, Paraguai, Uruguai e Argentina. Contou ainda com a presença de integrantes do Ministério Público, personalidades brasileiras e autoridades estadunidenses. Esse seminário, assim como o Congresso Nacional de Delegados da Polícia Federal, realizado em Fortaleza, com a presença de representantes da embaixada estadunidense, resultaram na preparação de servidores públicos brasileiros dispostos a violar regras de ordenamento jurídico, e praticarem crimes jurídicos absurdos.

Você avalia que a recente excursão de juízes brasileiros a Israel, promovida por organizações sionistas, seja uma operação análoga de cooptação e de treinamento de servidores públicos brasileiros? Que consequências advêm desse tipo de operação?

Breno:

A estratégia do lobby sionista se baseia em dois pilares: cooptação e intimidação. Enquanto buscam silenciar as vozes críticas através de processos judiciais e campanhas de difamação, investem também na conquista de aliados em posições-chave. É uma prática comum convidar autoridades brasileiras – desde membros do judiciário a políticos e jornalistas – para viagens a Israel. Essas viagens, bancadas por entidades sionistas, oferecem uma experiência altamente controlada: passagens aéreas em primeira classe, hospedagem em hotéis luxuosos, refeições em restaurantes renomados e uma agenda cuidadosamente elaborada, com visitas a locais estratégicos e encontros com personalidades influentes. O objetivo é criar um ambiente propício à persuasão, apresentando uma narrativa unilateral sobre o conflito e buscando influenciar as percepções desses visitantes. É uma tática eficaz de cooptação, que visa garantir a simpatia à causa sionista dentro dos espaços de poder no Brasil.

Essa estratégia de silenciamento, baseada em ações judiciais infundadas e abusivas, se estende a diversos setores da sociedade. Integrantes do Poder Judiciário, parlamentares, membros do Poder Executivo e jornalistas também são alvos desse tipo de intimidação. O lobby sionista atua de forma organizada, explorando brechas em nossa legislação e nos regimentos internos dos poderes públicos, que muitas vezes se mostram lenientes diante dessas práticas. Isso cria um ambiente de autocensura, onde o medo de enfrentar processos longos e custosos inibe o debate aberto e democrático sobre a questão Palestina.

A contradição entre as práticas do lobby sionista e a legislação brasileira sobre corrupção é gritante. Enquanto um funcionário público está proibido de receber presentes que ultrapassem R$ 100, juízes e políticos são presenteados com viagens luxuosas a Israel, com tudo pago, sob o pretexto de conhecer a Suprema Corte israelense. É preciso questionar a pertinência dessas viagens: o que o Judiciário brasileiro tem a ver com a Faixa de Gaza? Que tipo de decisões ou sentenças relacionadas à Faixa de Gaza seriam influenciadas por essa visita?

Oferecer e aceitar viagens all inclusive, com passagens aéreas em primeira classe, hospedagem em hotéis de luxo e refeições extravagantes, claramente ultrapassa o limite estabelecido pela lei anticorrupção. O caso do ministro André Mendonça, que aceitou um convite dessa natureza, é emblemático e levanta sérias dúvidas sobre sua imparcialidade. Considerando que processos da Conib contra mim podem ser julgados pelo STF, como garantir a idoneidade de um ministro que aceita benefícios de uma das partes envolvidas?

Quando a cooptação se mostra ineficaz, o lobby sionista recorre a táticas mais agressivas para silenciar as vozes dissidentes. A perseguição, a punição e o cancelamento se tornam ferramentas comuns, como temos observado em diversos casos. Essas duas faces do lobby – cooptação e intimidação – operam no Brasil com pouca resistência, aproveitando-se da fragilidade da legislação e da conivência de governos que preferem ignorar o problema a enfrentar um ator tão poderoso.

O lobby sionista se beneficia de alianças com setores influentes da sociedade brasileira, exerce poder sobre os meios de comunicação, como vimos no ataque ao presidente Lula, e possui forte influência cultural. Diante disso, os governos brasileiros optam por se omitir, fingindo que o problema não existe. Essa postura é uma ameaça à democracia brasileira, pois permite que organizações estrangeiras atuem sem limites em nosso território, influenciando nossas instituições e moldando o debate público em favor de interesses alheios aos do Brasil.

Cleide:

A sua análise sobre a infiltração de agentes pró-Israel em instituições brasileiras é extremamente preocupante. A denúncia de infiltração na PRF, dada a práticas brutais como asfixia de suspeitos em porta-malas de viatura, evoca a violência sistemática empregada contra palestinos em Gaza. As similaridades são alarmantes e sugerem uma transferência de métodos e mentalidade de um contexto de ocupação militar para a realidade brasileira.

A estratégia de cooptar funcionários públicos através de viagens e benefícios não se restringe ao Judiciário. O próprio caso da Lava Jato demonstra como viagens aos Estados Unidos, com acesso a instituições como o FBI e o DOJ, foram utilizadas para influenciar agentes do sistema de justiça brasileiro. Essas "missões", disfarçadas de intercâmbio profissional, visavam disseminar uma visão específica sobre o combate à corrupção e alinhar as ações desses agentes com interesses estrangeiros.

A infiltração, porém, parece ir além das viagens e presentes. A recepção calorosa de representantes da Conib na sede da Polícia Federal sugere que a influência sionista se estende a cargos estratégicos dentro do Estado brasileiro. Essa penetração nos órgãos de segurança pública e no sistema de justiça é extremamente perigosa e abre caminho para a perseguição política e a criminalização de movimentos sociais e vozes dissidentes.

O documentário "O Lobby" da Al Jazeera expõe as táticas utilizadas para influenciar parlamentares e demonstra a presença de representantes do lobby sionista em todos os níveis do governo brasileiro.

A identificação desses agentes e a denúncia de suas ações são fundamentais para combater essa influência nefasta e proteger a soberania nacional.

A confrontação militar enfrentada pelo povo palestino é apenas uma faceta de um conflito mais amplo que inclui guerra psicológica, estratégias não convencionais e o uso de *lawfare*. Estas táticas estendem-se além dos campos de batalha, permeando sistemas judiciais e legislativos ao redor do mundo, inclusive no Brasil, influenciando decisões e moldando a política de maneira sutil, porém significativa.

Como é que você está vendo essa situação no sistema judicial brasileiro, no Parlamento, e essa infiltração para todo lado? Como a gente pode detectar e neutralizar o *lawfare* e esses avanços sionistas para dentro do Estado brasileiro?

Breno:

E o que representam esses deputados? Representam a conexão entre a extrema-direita e o sionismo, que é hoje um fenômeno mundial. A extrema-direita no mundo inteiro, transitou do antissemitismo para o pró-sionismo.

A declaração do Presidente Lula em Adis Abeba, na qual ele comparou o bloqueio israelense à Faixa de Gaza a um "apartheid", gerou culminou em pedidos de *impeachment* por parte de cerca de cem deputados, o equivalente a 20% da Câmara. E os cem deputados que pedem o *impeachment* não representam um grupo homogêneo não, entre eles encontram-se parlamentares de diferentes partidos, incluindo alguns da base governista, como o PL, PP e Republicanos, além de partidos de oposição, como o Novo, todos de direta, naturalmente. As motivações por trás dos pedidos de *impeachment* também variam. Por considerá-lo um posicionamento inadequado para a política externa brasileira, alegam que a declaração configura crime de responsabilidade, justificando o *impeachment*.

E o que representam esses deputados? Representam a conexão entre a extrema-direita e o sionismo, que é hoje um fenômeno mundial. A extrema-direita no mundo inteiro, transitou do antissemitismo para o pró-sionismo. Um carpado triplo.

A principal explicação é que houve uma rápida incorporação do regime sionista ao sistema de poder global, logo após sua criação, se explica, principalmente, pelo contexto da Guerra Fria. Inserido no bloco capitalista em oposição ao bloco socialista, Israel se tornou um aliado estratégico no embate geopolítico da época.

Consolidando-se como aliado da burguesia global, o regime sionista passou a desfrutar de tratamento privilegiado. Esse papel se intensificou na década de 1990, no contexto da Nova Ordem Mundial. Cabe lembrar, nesse sentido, o influente ensaio "O Choque de Civilizações", de Samuel Huntington, publicado em 1993. Neste ensaio, por Samuel Huntington propõe uma análise sobre as dinâmicas globais após a dissolução da União Soviética e do bloco socialista. Huntington argumentava que, com o término desse período histórico, o cenário internacional evoluiria para um confronto predominante entre a civilização ocidental e o islamismo. Segundo ele, essa disputa não se limitaria a questões territoriais ou políticas, mas se estenderia para uma competição mais profunda, envolvendo valores, instituições e ideologias. A tese central de Huntington sugere que os principais embates do mundo pós-Guerra Fria seriam moldados não apenas por diferenças políticas ou econômicas, mas fundamentalmente por divergências culturais e religiosas entre essas duas esferas civilizacionais.

A teoria de Samuel Huntington foi absorvida e amplificada pela extrema-direita. Mas eles expandiram a perspectiva para incluir o socialismo e o comunismo, assim como qualquer força que considerem uma ameaça à chamada civilização judaico-cristã. Desta forma, a extrema-direita adaptou a teoria para englobar uma gama mais ampla de ideologias percebidas como adversárias, fortalecendo uma visão de mundo polarizada.

A extrema-direita global enxerga Israel como um bastião simbólico em sua luta ideológica. Essa visão é alimentada pela localização geográfica do país, na confluência entre Ocidente e Oriente, e por sua importância histórica como Terra Santa para as grandes religiões monoteístas, especialmente o cristianismo e o judaísmo, consideradas pilares da civilização ocidental. Para esses grupos, Israel representa um Estado-símbolo de seus valores e aspirações.

Além das questões geopolíticas, a extrema-direita estabelece uma conexão religiosa com o Estado de Israel. Essa relação é fortalecida pela base fundamentalista neopentecostal da extrema-direita brasileira, que se aproxima do sionismo religioso. Este, por sua vez, é uma ramificação do sionismo político, idealizado por Theodor Herzl no final do século XIX.

O sionismo político, além de suas implicações geopolíticas, provocou uma importante mudança na interpretação dos textos religiosos do judaísmo. Contrariando a crença de muitos grupos religiosos judaicos, baseada em escritos talmúdicos, de que o retorno da diáspora e a reconstrução do Reino de Israel só ocorreriam após a vinda do Messias, o sionismo político defendeu a ação humana como agente da restauração nacional judaica.

Antes do sionismo político, a crença predominante entre muitos grupos judaicos, baseada em interpretações talmúdicas, era de que qualquer tentativa de retornar à Canaã, atual Palestina, e reconstruir o Estado de Israel antes da vinda do Messias seria considerada um pecado mortal. No entanto, o sionismo impulsionou uma nova leitura do Talmude, invertendo essa lógica. Segundo essa nova interpretação, o Messias só viria após o povo judeu reocupar a Terra Prometida e expulsar os não judeus.

Essa leitura, com os fatores invertidos, promovida pelo sionismo religioso, aproxima-se da interpretação neopentecostal do Velho Testamento sobre a vinda do Messias. É importante ressaltar que o cristianismo fala em "retorno do Messias", referindo-se a Jesus Cristo, enquanto o judaísmo fala em "chegada do Messias", pois não reconhece Jesus como tal.

O neopentecostalismo compartilha com o sionismo religioso a crença de que o retorno do Messias está condicionado à reocupação da Terra Prometida pelo povo eleito e à sua purificação daqueles considerados ímpios. Essa interpretação neopentecostal ganhou força ao longo do século XX, impulsionada principalmente por setores evangélicos nos Estados Unidos, que se aproximaram do sionismo religioso a partir de uma leitura particular do Velho Testamento.

A intensificação da aproximação entre neopentecostalismo e sionismo religioso nas décadas de 1980 e 1990 consolidou uma aliança baseada em valores e crenças comuns, como a defesa de Israel e a expectativa da vinda do Messias.

Considerando que o fundamentalismo neopentecostal é uma das principais bases da extrema-direita no Brasil e em outros países, a conexão entre a extrema-direita e o Estado de Israel adquire um significado mais amplo. Além dos valores geopolíticos e ideológicos já mencionados, essa conexão também se configura como uma estratégia da extrema-direita para cultivar o apoio do fundamentalismo neopentecostal.

Ao defender Israel e se alinhar com o sionismo religioso, a extrema-direita busca fortalecer seus laços com a base neopentecostal, aproveitando a influência e o poder de mobilização desse segmento religioso para fins políticos. Essa estratégia se mostra eficaz ao explorar as crenças e valores compartilhados por ambos os grupos, criando um senso de identidade e propósito comum.

Essas múltiplas conexões entre a extrema-direita brasileira e o sionismo religioso culminam em uma espécie de "nacionalização" do conflito palestino-israelense. É inusitado ver tantas forças políticas brasileiras engajadas nessa disputa distante, defendendo com fervor um regime colonial e racista a milhares de quilômetros do Brasil.

A pergunta que surge é: o que esses deputados têm a ver com a Palestina? Por que reagem de forma tão agressiva quando o presidente Lula busca uma postura mais equilibrada no conflito? A resposta reside nas conexões geopolíticas, ideológicas e religiosas que mencionamos. A extrema-direita se apropria do sionismo como ferramenta política, utilizando-o para mobilizar sua base eleitoral e consolidar seu poder. A defesa de Israel e a demonização dos palestinos se tornam bandeiras ideológicas, reforçando a identidade do grupo e alimentando o discurso de ódio contra minorias.

Essa nacionalização do sionismo pela extrema-direita brasileira é um fenômeno preocupante, pois distorce a realidade do conflito e impede um debate mais amplo e informado sobre o tema. Além disso, contribui para a polarização política e o aumento da intolerância, colocando em risco a democracia e os direitos humanos.

Essa circunstância inaugura uma série de possibilidades, tanto no Parlamento quanto no Judiciário e no Executivo. Ainda que a comunidade judaica detenha uma representatividade numérica reduzida, suas alianças com grupos evangélicos significativamente ampliam sua influência. Por consequência, emergem riscos associados à influência de vertentes fundamentalistas neopentecostais, que podem servir como conduítes para os interesses de uma potência estrangeira

— especificamente, o regime sionista, marcado por suas políticas colonialistas e discriminatórias.

Isso lança luz sobre as atitudes de certos parlamentares, autoridades governamentais e figuras do Judiciário. Dessa forma, torna-se claro que o presidente Lula está justificado em seus argumentos, pois sua declaração nos desafia a enfrentar um debate político-ideológico que muitos na esquerda relutavam em abordar — a questão do regime sionista. Este é, de fato, o debate necessário!

Pizzolato:

É alarmante perceber como o medo de não serem "arrebatados" — expressão comum entre os neopentecostais — leva certos grupos deles a usar o aparato estatal para assegurar-se como os eleitos na hora do Juízo Final, mas para tanto nos fazendo parecer meros prolongadores das políticas de Netanyahu.

Um relatório recente abordou a escalada de violência contra jornalistas no Brasil, destacando desde violências perpetradas por coronéis até questões de violências trabalhistas. No entanto, a violência por meio do *lawfare* merece nossa atenção especial, visto que numerosos jornalistas foram processados e até punidos após divulgarem suas críticas ou documentários sobre essas práticas no Brasil. Um exemplo marcante foi o de Camilo Toscano que, com Eduardo Reina, expôs a Operação Calvário na Paraíba. Em sua visão, Breno, o que o Estado brasileiro deveria fazer para combater o *lawfare* e assegurar a proteção dos jornalistas frente a esses tipos de ataques?

Breno:

Concordo plenamente que a revisão da legislação brasileira é crucial para combater o assédio judicial. A abertura de múltiplas ações contra a mesma pessoa, em diferentes localidades, sobre o mesmo objeto é uma prática abusiva que precisa ser coibida.

O caso da Gazeta do Povo, que você mencionou, é um exemplo emblemático de como o assédio judicial pode ser utilizado para intimidar e silenciar vozes críticas. É fundamental que o Legislativo brasileiro se debruce sobre essa questão e estabeleça mecanismos legais que protejam as vítimas desse tipo de assédio.

Algumas medidas que poderiam ser consideradas: Tipificação do assédio judicial como crime: Atualmente, não existe uma lei específica que criminalize o assédio judicial no Brasil. A criação de um tipo penal específico facilitaria a punição dos responsáveis por essa prática. Criação de mecanismos para unificar ações semelhantes: Quando diversas ações sobre o mesmo objeto forem ajuizadas contra a mesma pessoa, deveria haver um mecanismo para unificá-las, evitando a multiplicação de processos e o desgaste da vítima. Ampliação das hipóteses de litigância de má-fé: A legislação atual já prevê sanções para a litigância de má-fé, mas essas hipóteses poderiam ser ampliadas para incluir, por exemplo, o ajuizamento de múltiplas ações infundadas, entre outros. Fortalecimento dos mecanismos de proteção às vítimas: É importante garantir que as vítimas de assédio judicial tenham acesso à Justiça de forma célere e eficaz, com medidas como a concessão de liminares para suspender os processos abusivos.

Para tanto teria de haver um debate amplo e aprofundado sobre o tema, com a participação de parlamentares, juristas, jornalistas e principalmente representantes da sociedade civil, importa frisar que é fundamental a construção de uma legislação mais eficaz no combate ao assédio judicial e, por consequência, do *lawfare*.

Sobre o que se pode ou não se pode dizer tenho uma opinião controversa, mas que parte de um princípio fundamental. Apesar de não ter afinidade com o trotskismo, concordo com um ponto defendido por Trotsky: em regimes democrático-burgueses, a esquerda deve lutar pela máxima liberdade de expressão possível, com o mínimo de restrições. Quando a legislação impõe limites subjetivos à liberdade de expressão, abre-se caminho para o assédio judicial contra o jornalismo. Prefiro os modelos de liberdade de expressão do Reino Unido e dos Estados Unidos ao modelo alemão. No Reino Unido, por exemplo, você pode se expressar livremente, até mesmo gritar "Morte ao rei!" em frente ao Palácio de Buckingham, sem consequências. A punição só ocorre se você tentar transformar essa opinião em ação, invadindo o palácio para atacar o monarca.

Nos Estados Unidos, a situação é similar: qualquer opinião pode ser expressa, desde que não se materialize em atos ilegais. Você pode defender a derrubada do presidente em um artigo de jornal, mas não pode organizar um grupo para assassiná-lo.

Em ambos os países, a liberdade de expressão é amplamente protegida, desde que não se transforme em incitação à violência ou em ações que causem danos a terceiros. Essa abordagem contrasta com o modelo alemão, que impõe restrições mais rígidas à liberdade de expressão, especialmente em relação a discursos considerados de ódio.

Prefiro uma legislação que garanta a liberdade de expressão sem limitações e com a mínima intervenção do judiciário. Em minha opinião, o modelo norte-americano se destaca nesse aspecto em relação ao brasileiro, especialmente no que diz respeito às eleições presidenciais. Nos Estados Unidos, por exemplo, é possível que um candidato seja eleito presidente mesmo estando preso. Imaginemos que um postulante ao cargo máximo tenha cometido um crime grave, sendo condenado a prisão perpétua. Se ainda assim o povo decide elegê-lo presidente, ele assume o cargo, cumpre seu mandato e então retorna à prisão para continuar cumprindo sua pena. Esse cenário exemplifica a soberania popular sem restrições, permitindo que o eleitorado escolha livremente seus representantes.

Considero esse modelo favorável por buscar reduzir ao máximo a interferência do Poder Judiciário no processo democrático. Nos Estados Unidos, por exemplo, observamos que mesmo diante de processos judiciais contra o presidente, como é o caso de Donald Trump, ele não é impedido de concorrer às eleições presidenciais. Mesmo que seja condenado, a Suprema Corte não irá vetar sua candidatura, garantindo que ele possa ser eleito e cumprir seu mandato, sem responder judicialmente durante este período.

Essa imunidade presidencial durante o mandato, ainda que em certa medida também presente no Brasil, assegura que o presidente possa exercer suas funções sem ser processado, deixando para responder judicialmente após o término de seu mandato. Essa separação entre o poder executivo e o judiciário é fundamental para preservar a independência dos poderes e manter a estabilidade institucional em países democráticos.

No Brasil, existe a polêmica lei da Ficha Limpa, incongruente com a Constituição. A Constituição estabelece que ninguém é considerado culpado até que a sentença transite em julgado, mas a lei da Ficha Limpa impede que um cidadão seja eleito se tiver uma condenação em segunda instância. Dessa forma, ele é tido como culpado mesmo sem que tenha esgotado todos os recursos disponíveis.

Essa divergência levanta questões importantes sobre a presunção de inocência, o devido processo legal e a garantia dos direitos fundamentais dos cidadãos, enfatizando a necessidade de se revisar e harmonizar as leis para garantir a efetividade dos princípios

Então, eu sou favorável a um modelo mais próximo do Reino Unido, ao modelo mais próximo dos Estados Unidos, e o Brasil está indo por um caminho ruim, copiando o modelo alemão. O modelo alemão… não é à toa que é assim na Alemanha. Isso tem a ver com essa história do Holocausto, do passado nazista. A Alemanha arbitra o direito de opinião! A Alemanha, a legislação alemã, fixa limites para a liberdade de expressão e criminaliza certas opiniões. No passado, criminalizava o nazismo e o comunismo. Na Alemanha, até um certo momento, era crime defender as ideias marxistas! Dava cadeia! Comunistas não podiam ter emprego público na Alemanha, nem por concurso! Então eu acho que nós precisamos de uma revisão da legislação, sabe? Para reduzir as possibilidades de *lawfare* ou de SLAPP, essa técnica empregada pelos sionistas

Meus advogados estão entrando com uma reclamação constitucional no Supremo Tribunal Federal (STF) buscando coibir as ações judiciais como a movida pela Conib contra mim. O objetivo é que o STF determine aos tribunais inferiores que esse tipo de ação, que consideramos uma ofensa à liberdade de expressão, não seja mais aceita por nenhum juiz no Brasil.

Outra situação absurda é a emissão de decisões liminares em casos de crimes imateriais, como os relacionados à liberdade de expressão. É comum haver decisões liminares em crimes materiais, como um roubo a banco, onde a prisão do suspeito é justificada pela necessidade de investigação e para proteger a sociedade.

No entanto, no Brasil, temos visto decisões liminares em casos de crimes de opinião, sem que o acusado seja ouvido, o que considero uma violação ao devido processo legal e à liberdade de expressão. Já fui alvo de duas ou três decisões liminares desse tipo, sem nunca ter tido a oportunidade de me defender.

Essa prática é preocupante, pois permite que opiniões sejam censuradas e punidas antes mesmo de serem devidamente analisadas e julgadas. É fundamental que o sistema judiciário brasileiro reveja essa prática e garanta o direito à ampla defesa e ao contraditório em todos os casos, especialmente nos relacionados à liberdade de expressão.

Em casos de crimes de opinião, onde não há um fato incontestável, a emissão de decisões liminares sem ouvir o acusado é ainda mais problemática. A Conib me acusou de antissemitismo e, com base apenas na petição deles, o juiz determinou a retirada de minhas postagens, sem me dar o direito de me defender.

É evidente que isso é um abuso, pois crimes de opinião não apresentam os mesmos riscos e consequências que crimes materiais. A retirada de conteúdo sem o devido processo legal representa uma censura prévia e uma violação à liberdade de expressão.

É fundamental debatermos essa questão e buscarmos soluções que garantam o direito à ampla defesa e ao contraditório em todos os casos, especialmente nos relacionados à liberdade de expressão. Afinal, a livre circulação de ideias é essencial para uma sociedade democrática e plural.

Outra questão crucial é a lei do *impeachment*, que necessita de uma revisão profunda. O *impeachment*, como ato de extrema gravidade, deveria ser exclusivamente desencadeado pela vontade popular, expressa através de um referendo, como ocorre na Venezuela. Afinal, como pode um Parlamento, composto por 594 parlamentares, ter o poder de anular a decisão soberana do povo? Essa dinâmica atual não apenas fere a democracia, mas também agride a soberania eleitoral, pilar fundamental de qualquer nação que se pretenda livre e justa.

Enfim, temos ainda muito a discutir e muito a lutar.

pólen bold 90 gr/m2
tipologia garamond
impresso no inverno de 2024

LAWFARE